TO CHANGE THE CULTURE OF A COUNTRY, YOU MUST FIRST CHANGE THE CULTURE OF YOUR OWN HOUSE.

PRIME MINISTER LAURENT LAMOTHE

SA SE MEN PREMYE MINIS LA K AP TRAVAY

KONVÈZASYON AK FOTO POU DOKIMANTE TRAVAY
GOUVÈNMAN KI TE DIRE PI LONTAN NAN ISTWA D AYITI

LES MAINS DU PREMIER MINISTRE

ENTRETIEN IMAGÉ AVEC LE RECORDMAN DE
LONGÉVITÉ À LA PRIMATURE HAÏTIENNE

LAS MANOS DEL PRIMER MINISTRO

UNA CONVERSACIÓN ILUSTRADA CON EL JEFE DE
ESTADO QUE MÁS TIEMPO HA EJERCIDO EN HAITÍ

THE
HANDS

—

OF THE PRIME MINISTER

—

AN ILLUSTRATED CONVERSATION
WITH HAITI'S LONGEST SERVING
HEAD OF GOVERNMENT

PRIME MINISTER LAURENT LAMOTHE
AND PHOTOJOURNALIST PHILIP HOLSINGER

—

FOREWORD BY SEAN PENN

Go to the people. Learn from them. Live with them. Start with what they know. Build with what they have. The best of leaders, when the job is done, when the task is accomplished, The people will say, 'We have done it ourselves.'

LAO TZU

CONTENTS

SA KI NAN LIV LA   TABLE DES MATIÈRES   ÍNDICE

THE HANDS OF THE PRIME MINISTER

FOREWORD BY SEAN PENN

It was January 2010 when a confluence of circumstances and fate first brought me to Haiti. Having intermittently lived and continuously worked in Haiti these last six years following the devastating earthquake that was felt around the world, I have learned many things about its glorious people and the challenges of their country's history and future. I have worked among its poor, its wealthy, and its leadership in equal parts. I've seen people of both its courage and its corruption within all three of these groups. But where I have seen courage, love and inspiration, I have never seen a greater level of it than among the people of this ever challenged nation.

Not long after the earthquake was Haiti hit with yet another devastating blow that only in the impoverished world could yield seven thousand deaths from a disease imminently curable where there is clean water and education: Cholera. And it was during that bacteria's devastating campaign against the Haitian people that the election process had restarted and a new president was to be elected.

I met the man who would be President, Michel Martelly, in the middle of the night during a period of great social unrest. His passion and intelligence were unquestionable. Yet still, like all Haiti's presidents in the post Duvalier years, would he and his cabinet face the extraordinary burden of leading within the architecture of a constitution that had been written as a reactionary testament to the violations of dictatorships that had come before. The power of the president and the prime minster he would appoint were sure to be tested.

That same night I was introduced to another man, soon to be confirmed as Haiti's Minister of Foreign Affairs, Laurent Lamothe. I was taken by his sharp mind and clarity of purpose. Just a few short months later, I had requested of the former President of Haiti, Rene Preval, that he meet with the new Foreign Minister of the opposition party, Lamothe. It was my hope, at once, to scratch the surface in bridging political divides, but more particularly, as my respect for President Preval's political wisdom was great, it seemed to me the guidance of this elder statesman could be of some value to the younger man whose business history was formidable but who had held no political office prior to his engagement as Foreign Minister.

We sat in the Miami home owned by the wife of Preval. He had greeted us warmly at the door, and now the discussion had begun. Many things were discussed that night. But what I remember most keenly was the advice of President Preval to the younger Lamothe—that Lamothe and his President select eight agenda items that they would bear all their energy toward accomplishing for the full five years of their administration. Preval was a political chess master. He had deep knowledge of the restrictions by constitution on paper and the constitution of its people. And yet, as wise as President Preval's words may have been, what was clear in the post earthquake phenomenon—the monies flowing into foreign designed projects for indigenous consumption—that in Haiti's new world, the eight suggested agenda items would quickly rise to a demand for a focus on eight hundred. Disagreements between President Martelly and his sworn Prime Minister soon led to Foreign Minister Lamothe's rise to selection as Haiti's Prime Minister, a position he held for nearly three years, the longest of any Prime Minister in contemporary Haiti.

While this book and its images reflect a common spirit of a beautiful country and its people, so does it subtly infuse the omnipresence delegated by its leadership to provide the flesh of the hands that were on, and what demanded a ubiquitous hands-on political commitment: The hands of Prime Minister Laurent Lamothe. I had been designated Ambassador-at-Large for Haiti, and as such, found myself in daily, if not multi-daily, conversations, bi-lateral negotiations, and diplomatic visits with Laurent Lamothe. I watched him give a minimum of seventeen hours a day to his country for the time of his service. I watched as he built systems of subsidies and empowerment for women, road constructions, training for the national police. I watched as he visited with the displaced in the camps in which my organization worked. I watched as he expedited legitimate adoptions of parentless children. And I joined, on a daily basis, as one more of those who placed extraordinary demand upon him. But I also remember at the end of so many long days and nights, being in a small group of confidantes, saying, "Mr. Prime Minister, it's time you get some sleep." If he wasn't going to listen to Rene Preval, he wasn't going to listen to me. His activities in support of his country have not waned since his resignation. Let this book be your introduction to an extraordinary man and country.

SA SE MEN PREMY`E MINIS LA K AP TRAVAY

PREFAS SEAN PENN

An janvye 2010, tout yon seri sikonstans fè m al ateri ann Ayiti. Sis ane apre goudougoudou a, mwen toujou ap travay ann Ayiti. Epi, gen kèk fwa, mwen rete nan peyi a menm. Pandan tan sa a, m aprann anpil bagay sou moun nan peyi sa a. M aprann ki difikilte peyi a te genyen pou l pran endepandans li epi ki difikilte moun nan peyi a genyen pou yo jwenn yon lavi miyò pou pi devan. Mwen travay pami malere nan peyi a, pami moun rich epi pami dirijan peyi a. Mwen travay pami gwoup sa yo pandan menm valè tan. Nan relasyon m avèk tou lè twa gwoup sa yo, mwen vin kontre ak moun ki reprezante ni kouraj peyi a, ni koripsyon peyi a. Men, pami tout kote nan lemonn kote mwen wè kouraj, lanmou epi enspirasyon, Ayiti se kote mwen wè plis kouraj, plis lanmou, plis enspirasyon. Mwen wè tou sa nan yon peyi ki toujou ap fè fas ak tout kalite difikilte.

Pa twò lontan apre goudougoudou a, Ayiti vin pran yon lòt gwo kou: epidemi kolera touye 7 000 moun. Se sèl nan yon ti peyi pòv yon bagay kon sa ka rive: pou kolera touye tout moun sa yo. Sa se yon maladi yo trete fasil nan peyi ki gen dlo pwòp pou moun bwè ak bon jan edikasyon. Epi pandan kolera t ap fè dega sa a kont pèp ayisyen an, se lè sa a eleksyon an te rekòmanse e yo te pral bay yon nouvo prezidan pouvwa a. Mwen rankontre mesye ki te pral prezidan an, Michèl Martelly, yon jou swa pandan yon peryòd gran boulvès sosyal. Moun pa t ka doute li te gen pasyon ak entèlijans. Men, yon lòt fwa ankò, menm jan ak tout lòt prezidan ayisyen apre Duvalier, li menm ak tout kabinè li te pral pote yon kokennchen fado: dirije yon peyi selon yon konstitisyon ke yo te ekri kòm reyaksyon devan vyolans diktati Duvalier a. Nouvo prezidan an ak premye minis li a ta pral fè fas ak difikilte san di petèt.

Menm jou swa sa a, yo te prezante m bay yon lòt mesye—yo te prèt pou yo konfime l kòm Minis Afè Etranjè pou Ayiti, Laurent Lamothe. Mwen te enpresyone anpil pou jan misye maton, pou jan objektif li klè. Kèk mwa apre rankont sa a, mwen te mande yon ansyen prezidan Ayiti, René Préval, pou l fè konesans ak nouvo Minis Afè Etranjè pati opozisyon an, Lamothe. Sa mwen te swete fè se mete 2 moun ki soti nan 2 kan politik diferan nan yon grenn kan kote yo ka kòmanse antann yo. Mwen te gen anpil respè pou sajès politik Prezidan Préval. Dapre mwen, sanble konsèy granmoun sa a ki te deja byen benyen nan afè politik te ka itil jenn gason sa a ki gen anpil esperyans nan afè biznis; men, li pa t janm okipe yon plas politik anvan pòs li kòm Minis Afè Etranjè. Nou te chita pale kay Madan Préval nan Miyami. Li resevwa nou ak kè kontan. Apre sa, nou te kòmanse pale. Nou diskite plizyè bagay jou swa sa a. Men, sa mwen plis sonje se konsèy Prezidan Préval te bay Lamothe: se pou Lamothe ak prezidan l lan prepare yon ajanda ki gen 8 pwen; epi, se pou yo deplwaye tout enèji yo pou yo akonpli pwen sa yo pandan tou lè senk ane rejim yo a. Préval maton anpil nan estrateji politik. Li te byen konprann tout entèdiksyon sa yo ke konstitisyon an mete sou papye e li te konn pèp li a byen. E poutan, sa ki te klè nan peryòd apre goudougoudou a, se tout lajan ki t ap antre nan yon bann pwojè ke blan te envante an deyò peyi a pou Ayisyen vale anndan peyi a. Malgre sajès Prezidan Préval, nouvo sikonstans kote Ayiti ye kounye a te oblije pran 8 pwen ajanda fè yo tounen 800. Dezakò ant Prezidan Martelly ak Premye Minis ki te anplas la vin fè Minis Afè Etranjè a, Laurent Lamothe, rive nan pozisyon kote yo chwazi l kòm nouvo Premye Minis Ayiti.

Pandan liv sa a ak foto ki ladan l yo montre bèlte ki nan nannan peyi a ansanm ak bèlte popilasyon an, se kon sa tou liv sa a montre yon lidè ki te mete fòs ponyèt li tou patou, nan aksyon konkrè ki te mande yon angajman politik pèmanan sou beton an. Sa se men Premye Minis Laurent Lamothe. Yo te nonmen mwen Anbasadè Itineran pou Ayiti. Tit sa a fè m patisipe chak jou nan plizyè konvèsasyon, nan plizyè negosyasyon bi-lateral, nan plizyè vizit diplomatik ak Laurent Lamothe. Pandan li te Premye Minis, mwen wè kote l ap travay pou peyi l 17 è d tan pa jou, lè se pa plis pase sa. Mwen suiv li k ap planifye konstriksyon wout, antrènman pou Polis Nasyonal, k ap monte sistèm sibvansyon ak lòt fason pou ede medam yo. Mwen suiv li pandan l vin vizite moun ki rete anba tant kote òganizasyon m lan t ap travay. Mwen suiv li nan jan l fè demach adopsyon legal mache pi vit pou timoun ki pèdi paran yo. E se te chak jou mwen te antre nan gwoup moun ki t ap fè misye gwo egzijans. Men, mwen sonje tou, konbyen jou, konbyen nuit, lè nou fin travay, mwen te pami yon ti gwoup konseye pwòch li ki t ap di l "Mesye Premye Minis, li lè pou w al fè yon ti dòmi." Lè kon sa, menm René Préval, li pa t koute. Ki fè se pa mwen li te pral koute. Aktivite Laurent Lamothe pou l ede peyi l pa janm sispann, menm apre demisyon l kòm Premye Minis. Kite liv sa a fè w fè konesans ak yon gason vanyan ki pa gen parèy.

LES MAINS DU PREMIER MINISTRE

AVANT-PROPOS DE SEAN PENN

C'est en Janvier 2010 qu'un concours de circonstances et le destin m'ont amené en Haïti pour la première fois. Durant les six années où j'ai vécu par intermittence et travaillé continuellement en Haïti, après le séisme dévastateur dont l'impact a été ressenti dans le monde entier, j'ai appris beaucoup de choses au sujet de ce glorieux peuple et des défis passés et futurs de son pays. J'ai travaillé tout autant avec ses pauvres que ses riches et ses leaders. J'ai vu à la fois du courage et de la corruption au sein de ces trois groupes. Mais le courage, l'amour et l'inspiration que j'ai ressentis chez les gens de cette nation tant éprouvée n'ont d'égal nulle part ailleurs.

Peu de temps après le tremblement de terre, un autre fléau dévastateur frappait Haïti et il n'y a que dans les régions pauvres où un tel fléau peut causer 7 000 décès alors qu'on le soigne facilement là où l'eau propre et l'éducation sont accessibles : le choléra. Alors que cette bactérie dévastatrice entamait sa propre campagne contre le peuple haïtien, on relançait le processus électoral qui devait mener à l'élection d'un nouveau président. J'ai rencontré l'homme qui allait exercer cette fonction, Michel Martelly, au beau milieu de la nuit durant une période de grande agitation sociale. Sa passion et son intelligence étaient incontestables. Pourtant, comme tous les présidents haïtiens de l'ère post-Duvalier, son cabinet et lui-même allaient devoir assumer l'extraordinaire fardeau de gouverner dans le cadre d'une Constitution rédigée, à la manière d'un testament, en réaction aux violations des dictatures qui les ont précédés. Le pouvoir du président et de son premier ministre allait certainement être testé.

Cette même nuit, on m'a présenté à un autre homme – qui serait bientôt confirmé au poste de ministre des Affaires étrangères d'Haïti –, Laurent Lamothe. J'ai été frappé par son esprit vif et sa capacité à aller droit au but. À peine quelques mois plus tard, j'avais demandé à l'ancien président d'Haïti, René Préval, qu'il rencontre ce nouveau ministre des Affaires étrangères du parti de l'opposition, Lamothe. C'était dans l'espoir, immédiatement, de gratter à la surface pour surmonter les clivages politiques. Plus particulièrement, j'avais un profond respect pour la sagesse politique du président Préval et il me semblait que les conseils de cet homme d'État expérimenté pouvaient receler une certaine valeur pour un homme plus jeune dont le parcours d'entrepreneur était certes formidable, mais qui n'avait encore jamais occupé de fonction politique avant sa nomination au titre de ministre des Affaires étrangères. Nous nous sommes donc assis dans la maison de l'épouse de René Préval, à Miami. Il nous a accueillis chaleureusement à la porte et nous avons

entamé la discussion. Beaucoup de choses ont été discutées ce soir-là. Mais ce que je retiens surtout, c'est le conseil du Président Préval au jeune Lamothe, à savoir : que celui-ci et son président sélectionnent huit objectifs auxquels ils consacreront toute leur énergie en vue de leur accomplissement dans les cinq années de leur administration. Préval était un maître sur l'échiquier politique. Il possédait une connaissance profonde des restrictions imposées par la Constitution et de la complexité de ses compatriotes. Pourtant, malgré les sages paroles du Président Préval, il était clair dans le phénomène post-tremblement de terre – l'argent coulant à flots dans des projets étrangers pour la consommation locale –, que dans le nouveau monde d'Haïti, au lieu des huit points suggérés à l'agenda, les demandes allaient rapidement se multiplier pour que l'on concentre plutôt les efforts sur huit cent points. Les désaccords entre le président Martelly et son premier ministre de l'époque allaient bientôt mener au remplacement de celui-ci par Lamothe, alors ministre des Affaires étrangères, qui allait assumer ces nouvelles fonctions pendant près de trois ans, le plus long mandat de premier ministre de l'histoire moderne d'Haïti.

Alors que ce livre et ses images reflètent la beauté d'un pays et son peuple, ils témoignent aussi, d'une manière subtile, de l'omniprésence des mains à l'œuvre et de l'engagement politique constant que le travail de ces mains a exigé. Les mains du premier ministre Laurent Lamothe. En ma qualité d'ambassadeur itinérant d'Haïti, je me suis retrouvé quotidiennement et, parfois même plusieurs fois par jour, aux côtés de Laurent Lamothe dans le cadre d'échanges, de négociations bilatérales et de visites diplomatiques. Je l'ai vu consacrer un minimum de dix-sept heures par jour à son pays durant son mandat de premier ministre. Je le regardais mettre en place des programmes de subventions et d'autonomisation pour les femmes, la construction des routes, la formation de la police nationale. Je le voyais rendre visite aux personnes déplacées dans les camps où mon organisation travaillait. Je voyais comment il accélérait la procédure d'adoption légale des enfants orphelins. Et j'ai rejoint quotidiennement tous ceux qui avaient placé des attentes extraordinaires en lui. Mais je me souviens également, à la fin de ces nombreuses longues journées et de ces nuits tout aussi interminables, de m'être retrouvé parmi un petit groupe de confidents à lui dire : « Monsieur le premier ministre, il est temps de dormir un peu. » S'il n'était pas disposé à écouter Préval, il y avait peu de chances qu'il m'écoute, moi. Ses activités en aide à son pays n'ont aucunement diminué, même après sa démission. Que ce livre vous aide à lier connaissance avec un homme et un pays extraordinaires.

LAS MANOS DEL PRIMER MINISTRO

PRÓLOGO DE SEAN PENN

En enero del 2010 una confluencia de circunstancias y destino me llevaron a Haití por primera vez. Durante los últimos seis años he trabajado continuamente para ese país y vivido intermitentemente en él después del devastador terremoto que repercutió en todo el mundo y he aprendido mucho sobre su glorioso pueblo y los desafíos de su pasado y futuro. He trabajado por igual entre los pobres, los ricos y los líderes del país y he visto coraje y corrupción en los tres grupos. Pero nunca he visto mayores niveles de coraje, amor e inspiración que entre la gente de esta nación en perenne desafío.

Poco después del terremoto, Haití recibió otro golpe devastador: el cólera. Sólo en un país pobre, esa enfermedad, eminentemente curable en sitios con agua potable y educación, puede causar siete mil muertes. En medio de la ofensiva devastadora de esa bacteria contra el pueblo haitiano se reanudó el proceso electoral para elegir a un nuevo presidente.

Conocí al hombre que sería el presidente, Michel Martelly, una noche, tarde, durante un período de gran agitación social. Su pasión e inteligencia eran incuestionables. Sin embargo, como todos los presidentes haitianos de la era post Duvalier, él y su gabinete enfrentarían el monumental lastre de liderar dentro de los confines de una Constitución escrita como respuesta a las violaciones cometidas por los dictadores que la precedieron. Sin duda el poder del presidente y del primer ministro que él nombraría iban a ser puestos a prueba.

Esa misma noche me presentaron a otro hombre que pronto sería confirmado como ministro de Relaciones Exteriores, Laurent Lamothe. Me atrajeron su mente aguda y claridad de propósito. Pocos meses después solicité al expresidente de Haití, Rene Preval, que se reuniera con Lamothe, el nuevo ministro de Relaciones Exteriores del partido opositor. Yo tenía la esperanza de comenzar a tender puentes entre las facciones políticas. Pero sobre todo, como yo respetaba mucho la sabiduría política del presidente Preval, me pareció que la guía de este experimentado estadista sería de algún valor para el joven con un formidable historial de negocios, pero que no había ejercido cargo político alguno antes de ser nombrado canciller.

Nos reunimos en la casa de la esposa de Preval en Miami. Él nos recibió cálidamente en la puerta y la conversación empezó. Se discutieron muchas cosas esa noche, pero lo que recuerdo más vivamente fue el consejo del presidente Preval al joven Lamothe: que el presidente y él eligieran ocho ítems de la agenda de gobierno a los cuales les dedicarían toda su energía durante los cinco años de su mandato. Preval era un maestro del ajedrez político que conocía a profundidad los límites de la Constitución y la naturaleza de su pueblo. Las palabras del presidente Preval serían muy sabias pero los acontecimientos que sucedieron al terremoto –dinero que fluía para proyectos concebidos por extranjeros para consumo de los nativos– dejaron claro que los ocho ítems sugeridos como foco del programa de gobierno se tornarían velozmente en ochocientos. Desacuerdos entre el presidente Martelly y su primer ministro Garry Conille pronto resultaron en el ascenso del canciller Lamothe a primer ministro de Haití, cargo que ocupó casi tres años, convirtiéndose en el primer ministro que ha permanecido en funciones por más tiempo en el Haití contemporáneo.

Este libro y sus imágenes reflejan el espíritu compartido entre un hermoso país y su gente. A la vez, sutilmente denotan la omnipresencia del liderazgo el país, que hacía sentir sus manos en una tarea que exigía un compromiso político ubicuo y constante: Las manos del primer ministro Laurent Lamothe.

Fui nombrado embajador especial para Haití y por tanto me encontraba diariamente, y hasta varias veces al día, en conversaciones, negociaciones bilaterales y visitas diplomáticas con Lamothe. Lo vi dedicar, como mínimo, 17 horas diarias a su país durante su periodo de funciones. Lo vi desarrollar sistemas de subsidios y empoderamiento para las mujeres, supervisar la construcción de carreteras y organizar el entrenamiento de la Policía Nacional. Lo vi visitar a los desplazados en los campamentos en los que trabajaba mi organización. Lo vi agilizar adopciones legítimas de niños huérfanos. Y, a diario, yo fui uno más de los que le hacía extraordinarias exigencias. Pero también recuerdo al final de muchos de esos largos días y noches, al encontrarme entre un pequeño grupo de confidentes, decir: "Señor primer ministro, es hora de que duerma un poco". Si él no iba a escuchar los consejos de Rene Preval, no me iba a escuchar a mí. Su trabajo por su país no ha disminuido después de su renuncia. Permitan que este libro sea su introducción a un hombre y un país extraordinarios.

INTRODUCTION

PHILIP HOLSINGER

My friend Mike Justus once asked me, does a developing country ever develop? We were standing in a white dirt street in Gonaives, Haiti in 2008 looking at a gaping canal being dug for floodwaters. It was an interesting work of engineering but it seemed to be taking forever to complete. A massive project to build an elevated highway just south of the city had stalled so long the bridge pilings had begun to crumble. The same could be said of projects across the country. We were wondering if it was possible for anything of scale to be completed here. Mike had been in and out of Haiti many years. A physician, he had been in struggling countries around the world. His question seemed more like a conclusion.

Mike's question lodged in my brain. I thought of it often as I traveled those next few years. Eastern Europe, Central America, Southeast Asia, even in the lesser parts of my own country, the United States. Everywhere I was confronted with need, lack, pain, or war surrounded by promises of progress I asked myself was there evidence progress ever happened? The question seemed to answer itself by what I was seeing, or not seeing. Sure, there were success stories, usually tied to oil or some mineral or industry. But what about the backwaters? What about Haiti?

In the early spring of 2013 I was back in Haiti. I was woken in the middle of the night by a phone call. A friend was on the line. He had never called me like this before. He asked for a favor. Do you have your cameras? Will you come with me this morning? Do you have a sports coat? I will pick you up at seven. I didn't know where I was going, but because of who had asked the favor I knew it was important. When he picked me up he simply said, I am taking you to the Prime Minister.

We entered Prime Minister Laurent Lamothe's home in Turgeau near downtown. It was swarming with men and women in suits and nice slacks. It was explained to me these were members of the Haitian government and international business leaders with companies operating in Haiti. I was introduced to Laurent Lamothe. He greeted me warmly, saying he would like me to join him on an adventure. The adventure, he explained, was he would soon be marching this crowd of guests into the surrounding poor neighborhood in an attempt to force himself and the others to experience a sense of what it is like for people living at the lowest levels of his country's economy. He had pulled a ruse. His guests thought they would be joining him for breakfast.

I was suspicious. The power of a good photograph is the power of communication. I wondered if I had been invited to participate in order to be an unwitting accomplice for propaganda. But almost immediately I saw there was something true. I have learned to spot a sincere man. Walking with Laurent Lamothe that morning through the ghetto at the end of Mont Joli, watching him lead leaders into places few if any of them had been, I saw the flicker of a man's desire. I thought of Mike's question and I wondered, what is this leader going to do?

In the ensuing months I spent many days with the Prime Minister and his expanding team, learning about their ambitious programs and projects to do everything from feeding the poorest of the poor through a network of community restaurants (Ede Pep) and unique financial subsidies delivered to women via telephone SMS (Ti Manman Cheri), to boosting the national economy through international investment partnerships (more foreign heads of state visited Haiti in a six month period of 2013 than the previous eighty years). I observed the

Prime Minister's team in meetings, on the streets, behind closed doors alone and working till the early hours of morning. It became clear to me these were serious people attempting to do a serious thing. I accepted an offer to join the Prime Minister's staff. My job would be to observe the national developments—good or bad—and make a public record. I was given complete freedom. For nearly two years I crisscrossed the country observing developments. Schools, stadiums, hospitals, highways, bridges, social programs, flood works, government buildings, public housing. Members of my team and I would sleep in peasant houses and watch the projects from the viewpoint that matters most—that of the people the projects purport to serve. There were so many projects my small team and I were unable to visit them all or keep up with the ones we chose to follow. There just wasn't enough time. Roads were being rebuilt or built entirely new in a matter of months. One day while driving National Route #7, the road to Jeremie, to check progress on a high mountain bridge begun less than six months earlier we arrived at a completed bridge. I stood on the bridge spanning a raging mountain river that once was a deadly obstacle on the only road connecting the far west of Haiti to the rest of the country. I thought of Mike and his question.

It seemed Haiti could develop. And it wasn't just the building efforts and the social programs. It was what was driving them. Here was a leader determined to understand the needs of the poor and to serve them. Here was a leader determined to connect the voices of the average citizens to the ears of those tasked with serving them. I thought, ten million people know this leader's face. He seems determined to get to know each of theirs. Lamothe started Gouvènman Lakay (Government in the House), where the entire government traveled to cities in every region of the country for face-to-face town-hall style meetings. It was unheard of in Haitian history, this kind of all-inclusive, and sustained, physical interaction between a government and the people. In an effort to hold his government accountable regarding the vast amount of projects being undertaken (the projects were not without problems. It seemed at times there was a revolving door of cabinet ministers and project administrators due to one corruption, incompetence, or another), the Prime Minister and his cabinet began to televise their monthly meetings live. Each month Lamothe would ask each cabinet minister what they planned to accomplish in the coming month. Then on live nationwide television he would take out his list and ask them to report their progress from the previous month.

But even these intense activities of public involvement and accountability don't tell the deeper story. It was the stuff done in private, out of public view, that revealed to me the heart in the matter. Laurent Lamothe was almost always the last to leave. One night following a formal dinner at his home for foreign dignitaries the Prime Minister was shown a new technology that could revolutionize how his country funded social programs. As the guests rose from their tables and mingled with one another the Prime Minister took one of their laptops with the technology and seated himself at a patio table, oblivious to the late hour or the rooms full of guests. He sat alone. I shot an image of the moment because I knew it was a portrait not of a man but of development. This is what it looks like: a man committed.

This book is a record of the heart of development. It begins with a conversation. People speak. The leader listens then goes to work with his own two hands.

ENTWODIKSYON

PHILIP HOLSINGER

Zanmi m, Mike Justus, deja mande m èske yon peyi soudevlope janm devlope? Nou kanpe nan mitan yon wout tè blanch nan Gonayiv, Ayiti, an 2008. N ap gade yon kanal y ap fouye pou kanalize dlo lè dlo a desann. Se yon gwo pwojè. Enjenyè ap travay sou li. Men, travay la sanble l ap pran anpil tan pou l fini. Gen yon gwo pwojè pou bati yon wout anlè nan zòn sid vil la. Men, yo si tèlman pran tan pou yo fini l, ata poto ke yo te fin bati pou wout la kòmanse ap kraze. Menm bagay la konn rive pou anpil pwojè tou patou nan peyi a. Nou t ap mande tèt nou èske yo pa ka fini okenn gwo pwojè konstriksyon nan peyi sa a. Mike gen plizyè ane depi l ap vwayaje antre soti ann Ayiti. Kòm doktè, li vwayaje nan anpil peyi soudevlope tou patou sou latè. Kesyon sa a genlè li gen verite ladan. Genlè se te yon obsèvasyon.

Kesyon Mike la rete nan tèt mwen. Depi lè sa a, mwen panse a kesyon sa a anpil pandan m ap vwayaje. Ann Ewòp de Lès, ann Amerik Santral, nan Sid-Ès Azi, menm lè mwen t ap vwayaje nan ti vil nan peyi pa m, Etazini. Tout kote m ale mwen wè sa moun bezwen, sa yo manke, soufrans yo, oubyen mwen wè lagè ki mele ak pwomès pwogrè, mwen mande tèt mwen èske janm gen prèv ke pwogrè fèt vre nan kote sa yo? Kesyon an sanble li vin ak tout repons li ladan dapre sa m wè, oubyen dapre sa m pa wè. Se sèten, gen kèk siksè, dabitid sa gen pou wè ak petwòl oubyen ak kèk mineral oubyen kèk endistri. Men, e kote ki rekile yo? E Ayiti?

Nan kòmansman sezon prentan an 2013, mwen te tounen Ayiti. Nan mitan lannuit, yon kout telefòn leve m. Yon zanmi m te nan telefòn nan. Zanmi an pa janm rele m nan lè sa yo. Zanmi an mande m rann li yon sèvis. Èske w gen kamera ou avè w? Èske w ka al yon kote avè m maten an? Èske w gen yon vès? M ap vin chèche w a 7 è di maten. Mwen pa t konn kote m t ap ale. Men, kòm se moun sa a ki mande m al avè l, mwen konnen se yon bagay ki enpòtan. Lè l vin

chèche m, li di m l ap mennen m al wè Premye Minis la.

Nou antre kay Premye Minis la nan Tijo pa twò lwen lavil la. Te gen yon pakèt mesye ak medam byen abiye. Yo te fè m konnen mesye sa yo se manm gouvènman ak gwo biznismann ki soti nan peyi etranje e ki gen konpayi ann Ayiti. Yo fè m fè konesans ak Laurent Lamothe. Li salye m, li di m li ta renmen mwen vin avè li nan yon flann yo t ap pral fè. Flann li ta pral fè a, se ak tout vizitè ki te avè l yo. Li te vle pou li menm ansanm ak vizitè ki te vin wè l yo wè kouman moun ki rete nan yon katye pòv tou pre lakay li viv nan peyi sa a, kouman yo degaje yo chak jou. Li pran vizitè l yo nan daso. Vizitè yo te panse yo te vin kay Premye Minis la pou yo dejene.

Mwen te yon jan sispèk tou pou tèt pa m. Pouvwa yon bon fotograf genyen se pouvwa kominikasyon. Mwen t ap mande tèt mwen èske yo te envite m pou m ka al ede fè pwopagann san m pa konnen. Men, menm kote a, mwen remake se yon bagay ki t ap fèt san mètdam ladan. Mwen konnen lè yon moun sensè avè m. Lè m t ap mache nan katye sa a ak Laurent Lamothe jou maten sa a kote anpil malere abite nan pwent Monjoli, lè m ap gade l k ap dirije yon ekip lidè nan yon seri kote anpil ladan yo pa janm met pye, mwen santi sa l te vle reyalize a. Mwen t ap reflechi sou kesyon Mike la epi mwen mande tèt mwen : Ki sa lidè sa a pral fè?

Nan mwa apre yo, mwen pase anpil jou ak Premye Minis la epi ak ekip li a ki t ap grandi. Mwen vin konn ki gran pwogram ak pwojè ke yo t ap met sou pye pou yo fè tou kalite aktivite kòmanse: rezo restoran kominotè pou yo bay malere manje (Ede Pèp); sistèm pou SMS voye lajan bay manman pitit (Ti manman cheri), patenarya ak konpayi etranje pou yo vin envesti nan peyi a pou yo ka bay peyi a yon bourad ekonomik (gen plis dirijan peyi etranje ki vin vizite Ayiti nan yon peryòd sis mwa an 2013 pase tout san ane ki sot pase yo). Mwen suiv P.M. lan ak ekip li pandan yo nan reyinyon, pandan yo nan lari, lè y ap travay nan biwo

yo pou kont yo tout lannuit jouk li jou. Sa te vin klè pou mwen: moun sa yo se te moun serye ki t ap eseye regle yon bagay serye. Yo ofri m yon pozisyon nan biwo Premye Minis la, mwen asepte l. Travay mwen se te pou m obsève devlopman k ap fèt nan tout peyi a—kit yo te bon, kit yo pa t bon, epi kreye dosye piblik. Yo te ban m libète pou m fè travay la jan m vle. Pandan apeprè 2 ane, mwen vwayaje nan tout peyi a pou m suiv devlopman k ap fèt. Lekòl y ap bati, estad, lopital, gran wout, pwogram sosyal, kanal yo bati pou lè dlo desann, biwo leta yo bati epi kay yo bati pou moun rete. Ni mwen ni manm ekip mwen an nou dòmi kay moun ki rete an deyò epi nou gade jan pwojè yo ap mache pou moun ki pi enpòtan nan pwojè yo—moun ke yo fè pwojè yo pou yo a. Te si tèlman gen pwojè, mwen menm ak ti ekip mwen an pa t ka al vizite tout oubyen kontinye suiv sa nou te chwazi pou nou suiv yo. Pa t gen ase tan. Yo t ap rebati wout oubyen bati nouvo wout nan kèk mwa. Yon jou nou te sou Wout Nasyonal #7 la, wout Jeremi a, nou ta pral tcheke yon travay pon ki te kòmanse sou yon mòn depi sis mwa. Lè n rive, pon an te gen tan fini. Mwen kanpe sou pon an ki travèse yon gwo rivyè ki te konn bay traka sou wout ki konekte Jeremi ak rès peyi a. Te gen yon lè, rivyè sa a te konn pote moun ale. Pandan m sou pon an kesyon Mike la pase nan tèt mwen.

Sanble Ayiti ta ka devlope. Epi se pa t poutèt efò ki t ap fèt pou bati wout yo epi pou pwogram sosyal yo sèlman. Se poutèt rezon ki t ap pouse ekip li a nan travay sou pwojè sa yo. Rezon an se yon lidè ki te vle konprann bezwen moun ki pòv yo epi lidè sa a te vle travay pou l satisfè bezwen sa yo. Rezon an se yon lidè ki te vle fè vwa tout sitwayen nan peyi a rive nan zòrèy moun ki gen responsablite travay pou sitwayen sa yo. Mwen di tèt mwen gen 10 milyon moun ki konn figi lidè sa a. Sanble li vle konn figi chak moun sa yo tou. Lamothe kòmanse seri reyinyon ki rele Gouvènman Lakay, kote tout manm gouvènman an vwayaje al nan vil ki nan chak rejyon peyi a pou y al fè rankont fas a fas ak popilasyon an. Nan istwa

peyi d Ayiti se pa bagay ou janm tande, kalite rankont sa yo kote popilasyon an ka patisipe. Epi sa vin tounen yon aktivite ki regilye kote manm gouvènman an ap rankontre ak pèp la. Premye Minis la te mande tout manm gouvènman l yo pou yo pran responsablite yo an men sou tout pwojè sa yo ke gouvènman an t ap fè. Te gen pwojè ki te gen pwoblèm. Gen de fwa, sanble yo t ap chanje kèk minis ak administratè pwojè poutèt koripsyon, poutèt enkonpetans, oswa pou lòt rezon. Ki fè Premye Minis la ak kabinè li kòmanse fè reyinyon ki pase nan televizyon an dirèk. Chak mwa, Lamothe mande chak minis ki sa yo te vle akonpli nan mwa k ap vini an. Epi pandan li nan televizyon devan tout peyi a an dirèk, li rale lis la epi li mande minis yo pou yo prezante rapò sou pwogrè ki fèt nan mwa ki sot pase a.

Men, aktivite sa yo kote popilasyon an ap patisipe epi kote y ap montre sa gouvènman an ap fè, se pa tout koze a sa. Se aktivite ki t ap fèt an prive, aktivite pèp la pa te ka wè, se sa ki nannan koze a. Anpil fwa se Laurent Lamothe ki fin travay an dènye. Yon jou swa, apre yon dine ofisyèl lakay li, yo te montre Premye Minis la yon nouvo teknoloji ki ka pote gwo chanjman nan fason peyi a ka finanse pwogram sosyal yo. Apre envite yo leve bò tab la epi youn kòmanse ap pale ak lòt, Premye Minis la pran youn nan laptòp ki te gen teknoloji a ladan epi l al chita sou yon ti tab. Malgre l te byen ta epi lakay li te gen yon bann envite, sa pa t deranje li. L al chita pou kont li. Mwen te pran foto l nan moman sa a paske mwen konnen sa se pa t senp pòtre yon moun. Sa se pòtre devlopman. Sa se pòtre yon gason vanyan ki angaje nan misyon li.

Liv sa a se anrejistreman bwi motè devlopman. Anrejistreman sa a kòmanse pandan yon konvèsasyon. Gen moun k ap pale. Lidè a koute epi l al travay ak fòs ponyèt li.

INTRODUCTION

PHILIP HOLSINGER

Mon ami Mike Justus m'a un jour demandé : est-ce qu'un pays en développement peut réellement se développer ? Nous nous trouvions alors en Haïti en 2008, dans une rue des Gonaïves couverte de poussière blanche, les yeux rivés sur un canal béant qu'on était en train de creuser pour dériver les eaux de crue. Cet ouvrage d'ingénierie, par ailleurs intéressant, semblait prendre une éternité à s'achever. Juste au sud de la ville, un ambitieux chantier de construction d'une autoroute surélevée avait stagné si longtemps que les piliers du pont commençaient à s'effriter. Il en allait de même pour plusieurs projets à travers le pays. Nous nous demandions s'il était possible d'y achever un projet d'envergure, quel qu'il soit. Au fil des ans, Mike avait fait plusieurs allers-retours en Haïti. Médecin de profession, il avait voyagé dans plusieurs pays en difficulté. Sa question résonnait donc davantage comme un constat.

Elle s'est incrustée dans mon esprit. J'y ai repensé souvent par après lors de mes voyages en Europe de l'Est, en Amérique Centrale, en Asie du Sud-Est, et même dans les régions les moins florissantes de mon propre pays, les États-Unis. Chaque fois que j'étais confronté au besoin, à la privation, à la douleur, ou à la guerre, bercé par des promesses de progrès, je me demandais s'il y avait bien une preuve que les choses progressaient réellement ? La réponse semblait se trouver dans ce que je voyais ou ne voyais pas. Il y avait bien sûr des exemples de réussites, habituellement liées au pétrole, au minerai ou à de quelconques industries. Mais qu'en était-il des régions négligées ? Qu'en était-il d'Haïti ?

De retour en Haïti, au début du printemps 2013, j'étais réveillé au beau milieu de la nuit par la sonnerie du téléphone. C'était un ami. Il ne m'avait encore jamais appelé à une heure pareille. Il me demanda une faveur. As-tu tes appareils photos ? Viendrais-tu avec moi ce matin ? As-tu une veste ? Je passe te prendre à sept heures. J'ignorais où nous allions, mais connaissant la personne qui demandait cette faveur, je savais que c'était important. Lorsqu'il arriva, il dit simplement : je t'emmène chez le Premier Ministre.

Nous entrâmes ainsi au domicile du Premier Ministre Laurent Lamothe, non loin du centre-ville. L'endroit bourdonnait d'hommes en vestons-cravates et de femmes élégantes en pantalons. On m'expliqua qu'il s'agissait de membres du gouvernement haïtien et d'importants chefs d'entreprises internationales opérant en Haïti. On me présenta à Laurent Lamothe qui m'accueillit chaleureusement et m'invita sur le champ à l'accompagner dans une aventure. L'aventure en question consistait à entraîner tous ces invités dans une marche à travers les quartiers pauvres de la ville pour leur donner une idée tangible de ce que représente la vie des gens aux plus bas échelons de l'économie nationale. C'était un subterfuge de sa part, ses invités se croyant plutôt conviés à un petit déjeuner.

Sur le coup j'ai eu quelques réserves. Le pouvoir d'une bonne photo, c'est le pouvoir de la communication. Je me demandais si on m'invitait à participer pour faire de moi le complice involontaire d'une entreprise de propagande. Mais presque aussitôt j'ai senti qu'il y avait là quelque chose d'authentique. J'ai appris à reconnaître un homme sincère. En marchant aux côtés de Laurent Lamothe ce matin-là, à travers le ghetto jusqu'aux confins de Mont Joli, en le regardant mener ces dirigeants dans des endroits où la plupart – sinon tous – n'avaient jamais mis les pieds, j'ai vu scintiller le désir d'un homme. La question de Mike m'est revenue à l'esprit et je me suis demandé : que va faire ce leader ?

Dans les mois qui ont suivi, j'ai passé plusieurs jours avec le Premier Ministre et son équipe grandissante. J'en ai appris davantage au sujet de leurs programmes et projets ambitieux qui visaient à tout faire, qu'il s'agisse de nourrir les plus pauvres d'entre les pauvres au moyen d'un réseau de restaurants communautaires (Ede Pep), de dispenser de l'aide financière aux femmes via les messages textes (Ti Manman Cheri), de stimuler l'économie nationale à travers des partenariats d'investisseurs internationaux (en seulement six mois en 2013, plus de chefs d'État étrangers ont visité Haïti qu'au cours des quatre-vingt années précédentes).

J'ai observé l'équipe du Premier Ministre dans les réunions, sur la rue, enfermée derrière des portes closes à travailler jusqu'au petit matin. Il devenait évident à mes yeux qu'il s'agissait de gens sérieux s'efforçant d'accomplir quelque chose. On m'a invité à rejoindre le personnel du Premier Ministre et j'ai accepté l'offre. Mon travail consistait à observer les développements nationaux – bons ou mauvais – et d'en faire état publiquement. Je jouissais d'une totale liberté. Pendant presque deux ans, j'ai sillonné le pays pour témoigner de ces développements : écoles, stades, hôpitaux, autoroutes, ponts, programmes sociaux, travaux de lutte contre les inondations, édifices gouvernementaux, logement social. Ma petite équipe et moi-même dormions dans les maisons des paysans ; nous regardions les projets du meilleur point de vue possible : celui des personnes auxquelles ceux-ci étaient destinés. Il y en avait tant qu'il nous était impossible de tous les visiter ou même de suivre ceux que nous avions choisis. Nous manquions de temps. Des routes se reconstruisaient ou se construisaient entièrement en l'espace de quelques mois. Un jour, nous roulions sur la Nationale 7, la route de Jérémie, pour voir où en était rendue la construction d'un haut pont de montagne débutée à peine six mois auparavant ; à notre arrivée, un pont achevé se dressait devant nous. Alors que je me tenais sur ce pont chevauchant une rivière de montagne déchaînée, qui représentait jadis un obstacle meurtrier sur la seule route reliant l'extrême ouest d'Haïti au reste du pays, j'ai encore repensé à Mike et à sa question.

Il m'a semblé qu'Haïti pouvait bel et bien se développer. Et ce n'était pas seulement les efforts de constructions et les programmes sociaux. C'était ce qui les stimulait. Il y avait là un leader déterminé à comprendre les besoins des pauvres et à les servir. Il y avait là un leader déterminé à faire en sorte que les voix des simples citoyens parviennent aux oreilles de ceux qui avaient pour mandat de les servir. Dix millions de personnes, pensais-je, connaissent le visage de ce leader. Il paraît résolu à connaître à son tour le visage de chacune d'elles. Lamothe a lancé le Gouvènman Lakay (gouvernement dans la maison), une initiative amenant le gouvernement tout entier à parcourir les villes de chaque région pour y participer à des rencontres en personne, semblables à des assemblées municipales. Cette interaction physique, inclusive et soutenue entre un gouvernement et le peuple représentait un précédent dans l'histoire haïtienne. Certes, les projets ne se déroulaient pas sans problèmes. De temps en temps, on semblait assister à des rotations de personnel au sein des ministères et des directions de projets pour des raisons de corruption, d'incompétence ou autre motif. Dans un effort pour rendre son gouvernement imputable et responsable quant à la multitude d'initiatives en cours, le Premier Ministre et son cabinet ont commencé à téléviser leurs réunions mensuelles en direct. Chaque mois, Lamothe demandait ainsi à chaque ministre ce qu'il comptait accomplir au cours du prochain mois. Puis, en direct sur la chaîne nationale, il ressortait sa liste et leur demandait de faire état de leurs progrès depuis le mois précédent.

Mais ces activités intenses d'engagement publique et de responsabilité ne disent pas toute l'histoire. Ce sont les actes accomplis en privé, hors des projecteurs, qui m'ont révélé l'essence des choses. Laurent Lamothe était toujours le dernier à quitter. Une nuit, après un dîner officiel rassemblant des dignitaires étrangers à sa résidence, on montra au Premier Ministre une nouvelle technologie susceptible de révolutionner la manière dont son pays finançait les programmes sociaux. Alors que les invités quittaient leurs tables respectives pour se mêler les uns aux autres, le Premier Ministre prit un de leurs portables équipé de la technologie en question et alla s'asseoir seul à une table de patio, oubliant l'heure tardive et les salles bourdonnant d'invités. Je pris un cliché de cet instant car c'était pour moi, non pas le portrait d'un homme, mais l'image même du développement. C'est cette image que projette un homme engagé.

Ce livre témoigne de l'essence même du développement. Il commence avec une conversation. Les gens parlent. Le leader écoute puis se retrousse les manches pour travailler de ses propres mains.

INTRODUCCIÓN

PHILIP HOLSINGER

Mi amigo Mike Justus me preguntó un día, "¿un país en desarrollo alguna vez se desarrolla?" Estábamos parados en una calle polvorosa en la ciudad de Gonaïves, Haití, en el 2008, y observábamos cómo cavaban un canal enorme para el drenaje durante las inundaciones. Era un interesante trabajo de ingeniería pero terminarlo parecía tomar una eternidad. Un enorme proyecto para construir una autopista elevada al sur de la ciudad se estancó durante tanto tiempo que los pilares del puente comenzaron a desmoronarse. Lo mismo podía decirse de proyectos en todo el país. ¿Sería posible concluir algún proyecto de gran magnitud en Haití? Mike visitaba Haití con frecuencia hacía muchos años. Como médico él había estado en muchos países en situaciones difíciles. Su pregunta tenía un aire de certeza; más bien era una conclusión.

La pregunta de Mike no me abandonaba. Pensé en ella constantemente mientras viajaba en los años siguientes por Europa del Este, Centroamérica, el sudeste Asiático y hasta en las áreas menos privilegiadas de mi propio país, Estados Unidos. En cada sitio donde encontraba necesidad, carencia, dolor o guerra rodeados de promesas de progreso, me preguntaba: ¿alguna vez hubo evidencia de progreso? La pregunta parecía responderse a sí misma por lo que veía y lo que no veía. Claro que había éxitos, usualmente relacionados con el petróleo o algún mineral o industria. Pero, ¿y los sitios más atrasados? ¿Y Haití?

A comienzos de la primavera del 2013 estaba de vuelta en Haití. Me despertó una llamada a media noche. Era un amigo. Él nunca me había llamado así. Me pidió un favor. "¿Tienes tus cámaras? ¿Puedes acompañarme en la mañana? ¿Tienes una chaqueta deportiva? Te recojo a las siete". No sabía a dónde iba pero, dado quién me pedía el favor, sabía que era importante. Al recogerme me dijo, "te llevo a ver al primer ministro".

Entramos en la casa del primer ministro Laurent Lamothe, en Turgeau, cerca del centro de la ciudad. Estaba llena de hombres y mujeres bien vestidos. Me explicaron que eran miembros del gobierno haitiano y dirigentes empresariales extranjeros cuyas compañías operaban en Haití. Me presentaron a Laurent Lamothe quien me saludó cálidamente y me invitó a que embarcara con él en una aventura: llevar a este grupo de invitados a los barrios pobres de los alrededores, para que todos, incluso él mismo, experimentaran por un momento la situación de las personas que viven en los estratos más bajos de la economía de su país. Había tendido una trampa. Sus invitados pensaban que venían a un desayuno.

Yo estaba receloso. El poder de una buena fotografía es su fuerza comunicativa. Me preguntaba si había sido invitado a participar para ser cómplice involuntario de un acto de propaganda. Pero casi de inmediato percibí algo auténtico. He aprendido a detectar a un hombre sincero. Esa mañana al andar con Laurent Lamothe por el gueto al fondo de Mont Joli, al verle llevar a esos líderes a lugares que pocos de ellos, si es que alguno, habían visitado, vi el destello del anhelo de un hombre. Pensé en la pregunta de Mike y me dije ¿qué hará este líder?

En los meses siguientes pasé muchos días con el primer ministro y su creciente equipo, conociendo sus ambiciosos programas y proyectos que abarcaban todo: desde alimentar a los más pobres mediante una red de restaurantes comunitarios, Ede Pep (Ayuda al pueblo), y subsidios financieros únicos que enviaban a las mujeres por SMS, Ti Manman Chéri (Mamá querida); hasta impulsar la economía a través de alianzas internacionales para la inversión. Haití recibió más visitas de jefes de Estado en seis meses en el 2013 que en los 80 años anteriores. Observé al equipo del primer ministro en reuniones, en las calles, trabajar solos a puertas cerradas hasta la madrugada. Me quedó claro que ésta era gente seria intentando algo serio. Acepté la oferta de unirme al equipo.

Mi trabajo consistiría en observar lo que se hacía en el país, bueno o malo, y documentarlo. Me dieron total libertad. Durante casi dos años atravesé el país observando su desarrollo: escuelas, estadios, hospitales, autopistas, puentes, programas sociales, trabajos para controlar las inundaciones, edificios gubernamentales y viviendas públicas subsidiadas. Mi equipo y yo dormíamos en casas de campesinos y observábamos los proyectos desde el punto de vista más importante: el de aquellos que supuestamente se beneficiarían de ellos. Eran tantos proyectos que mi pequeño equipo y yo no pudimos visitarlos todos ni mantenernos al corriente de los que habíamos escogido seguir. No nos alcanzaba el tiempo. Las carreteras estaban siendo reparadas o construidas en su totalidad en cuestión de meses. Un día íbamos por la Carretera Nacional 7, camino a Jérémie, para chequear el progreso de un puente, en una montaña alta, que había empezado a construirse hacía seis meses y arribamos a una obra terminada. Me paré en el puente suspendido sobre el embravecido río que antes era un mortal obstáculo en el único camino que conectaba el extremo oeste de Haití con el resto del país. Pensé en Mike y su pregunta.

Parecía que Haití sí se podía desarrollar. Y no era sólo infraestructura y programas sociales. Era lo que los motivaba. Aquí estaba un líder decidido a comprender las necesidades de los pobres y a servirles. Aquí estaba un líder decidido a llevar las voces de los ciudadanos comunes a los oídos de aquellos encargados de servirles. Pensé que diez millones de personas conocían el rostro de este líder. Y él parece decidido a conocer el de cada una de ellas.

Lamothe empezó el programa Gouvènman Lakay (Gobierno en casa): el gabinete entero viajaba a ciudades en cada región del país para tener asambleas populares. Esta interacción inclusiva, directa y sostenida entre el gobierno y el pueblo era inaudita en la historia del país. Los proyectos en desarrollo no carecían de problemas. A veces parecía que había una puerta giratoria por donde entraban y salían ministros y gerentes de proyectos por corrupción, incompetencia u otra razón. Para que el gobierno rindiera cuentas sobre el gran número de proyectos emprendidos, la reunión mensual del primer ministro y su gabinete era televisada en vivo. Lamothe preguntaba a cada ministro qué meta pensaba alcanzar el próximo mes. Entonces, en televisión nacional, sacaba la lista del mes anterior y les pedía cuentas sobre su progreso.

Pero ni siquiera estas actividades intensas de participación pública y transparencia cuentan la historia más profunda. Fue lo logrado en privado, fuera de la mirada pública, lo que me reveló la esencia. Laurent Lamothe era casi siempre el último en irse. Una noche luego de una cena formal en su casa con dignatarios extranjeros, le mostraron una nueva tecnología que podría revolucionar el financiamiento de programas sociales en el país. Mientras los invitados socializaban, el primer ministro tomó una de sus computadoras y se sentó en el patio, sin notar lo tarde que era o la sala llena de invitados. Se sentó solo. Tomé una fotografía de ese instante porque supe que era el retrato no de un hombre sino de un proyecto de desarrollo. Esa es la imagen del desarrollo: un hombre comprometido.

Este libro documenta el corazón del desarrollo. Empieza con una conversación. La gente habla. El líder escucha y luego va a trabajar con sus propias manos.

01

—

LISTEN

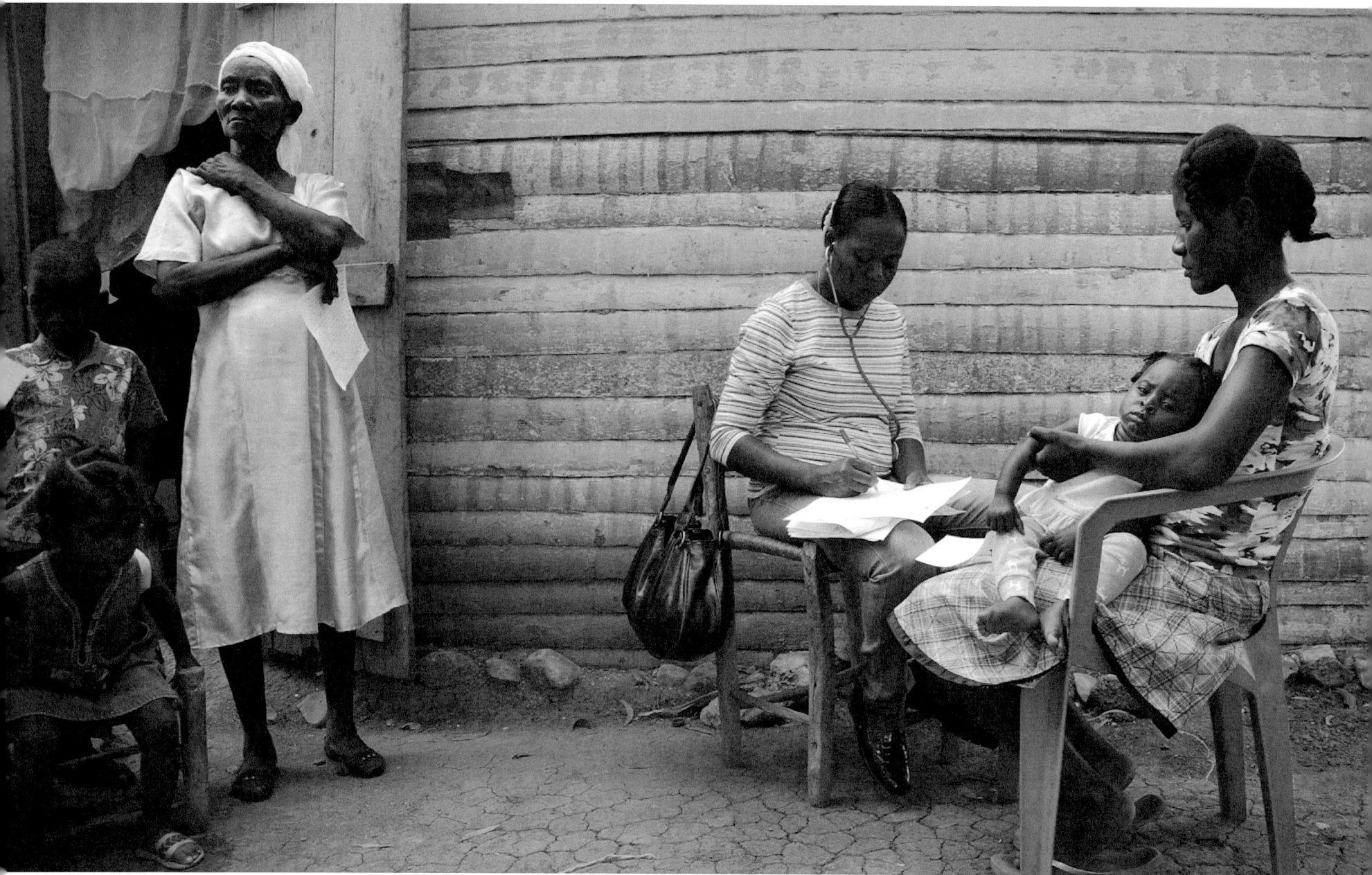

THE POWER OF LISTENING
A CONVERSATION—LAURENT LAMOTHE AND PHILIP HOLSINGER

GEN POUVWA NAN KONN KOUTE
KONVÈZASYON ANT LAURENT LAMOTHE AK PHILIP HOLSINGER

LE POUVOIR DE L'ÉCOUTE
UNE CONVERSATION : LAURENT LAMOTHE ET PHILIP HOLSINGER

EL PODER DE ESCUCHAR:
LAURENT LAMOTHE Y PHILIP HOLSINGER: UNA CONVERSACIÓN

Previous pages: Jeneta watches from a window as leaders discuss tourism development at her house in the fishing village Cay Coq on Ile-a-Vache, an island off the south coast of Haiti. Jeneta said she was worried the government would try to take her family's house.

Left page: Mothers and children attend a Project Medicare free clinic near Gonaives. Project Medishare is one of the many foreign NGO's helping Haiti fill a vast medical security gap.

LISTENING TAUGHT US
HOW TO LEAD

Philip Holsinger: "Mr. Prime Minister. I had been working in Haiti as a photojournalist capturing the lesser-known parts of your country. A lot of what I had written about Haiti and published, though beautiful, has not been flattering. And yet you invited me—at that time a stranger—to join you on a risky adventure: You, the leader of the government, were to take a group of government and business leaders on foot from your house into an adjacent poor neighborhood for a first-hand experience with the poor, and bring along a photojournalist with a reputation for capturing the hard, raw reality of a situation. Is it true you invited those well-dressed leaders and business people to your house with the intention of not actually having breakfast with them but in order to simply take them with you into the poor neighborhood? Had you considered the risk we might have seen things differently than you anticipated?"

Laurent Lamothe: "It is too easy to create an image as a government for how you want your nation to appear. It is not so easy to face the truth your nation doesn't appear well because it isn't well. But it is also true that journalism often has shown only the difficulties of Haiti. I suspected if honest people could walk with us and look at Haiti alongside us then a more honest view of our country might be found. We might discover together our strengths as well as our weaknesses. In the end we would all know one another better."

LL: "That morning was a turning point for me personally. And it was a turning point for my administration. We wanted to show the business sector what it feels like and how it is to live in subhuman conditions. To touch on the… to touch their heart. To touch their sense of getting involved. To make a difference. Only

KONN KOUTE APRANN
NOU KÒMAN POU N DIRIJE

Philip Holsinger: "Mesye Premye Minis. Mwen t ap travay ann Ayiti kòm jounalis fotograf. Mwen t ap fè foto nan anpil kote moun pa tèlman konnen nan peyi a. Anpil nan atik ke mwen ekri epi pibliye sou Ayiti, malgre yo te bèl, yo pa t fè peyi a parèt bèl. Malgre sa, ou te envite m nan epòk sa a, kòm etranje, pou m vin rejwenn ou nan yon avanti riske: Ou menm, lidè peyi a, ou te pran an chaj yon delegasyon ki te gen plizyè manm gouvènman an ak plizyè biznismann soti depi lakay ou a pye, rive nan yon katye pòv nan zòn lan pou yon premye esperyans ak moun ki nan mizè, epi w te gen avèk ou yon jounalis fotograf ki gen repitasyon tire pòtre ki montre reyalite a, menm si kèk fwa reyalite a lèd. Èske se vre ou te envite lidè ak biznismann byen abiye sa yo lakay ou ak lentansyon pou w pa t manje avè yo; men, se te pito pou w te mennen yo vizite yon katye pòv ? Èske w te konsidere chans ou t ap pran si nou te wè yon reyalite ki pa menm ak sa w te swete nou wè a?"

Laurent Lamothe: "Sa fasil pou yon gouvènman envante yon imaj sou jan l ta renmen lòt moun wè nasyon li. Men sa pa fasil pou gouvènman an fè fas kare ak verite a: nasyon nou an, an reyalite, pa pòte l twò byen. Men, se vre tou, anpil fwa, laprès se pwoblèm Ayiti yo sèlman li prezante. Si gen moun onèt ki gen tan pou yo kolabore ak nou epi moun sa yo vle travay pou Ayiti menm jan ak nou, mwen sèten yo t ap wè peyi a yon lòt jan, yon jan ki pli onèt. Nou ta ka dekouvri fòs nou an menm tan n ap dekouvri feblès nou tou. Kon sa, alafen, youn t ap konn lòt pi byen."

LL: "Vizit ke nou te fè ansanm jou sa a, pèsonèlman sa te chanje m anpil. Epi tou, se te yon moman enpòtan pou administrasyon mwen an. Nou te vle montre sektè prive biznis la ki sa sa vle di viv nan kondisyon mizè kote

C'EST EN ÉCOUTANT QUE NOUS AVONS APPRIS À DIRIGER

Philip Holsinger: « M. le Premier ministre. Je travaillais en Haïti en tant que photojournaliste capturant les coins les moins connus de votre pays. Plusieurs des choses que j'ai écrites et publiées sur Haïti, bien que belles, n'ont pas été flatteuses. Et pourtant, vous m'avez invité – moi, un parfait étranger à l'époque – à vous rejoindre dans une aventure risquée : vous, le leader du pays, aviez pris la tête d'une délégation constituée de membres du gouvernement et d'hommes d'affaires pour vous rendre à pied de votre maison à un quartier pauvre adjacent pour une expérience directe avec les pauvres, accompagné d'un photojournaliste réputé pour capter la dure réalité d'une situation. Est-il vrai que vous aviez invité des dirigeants et des gens d'affaires bien habillés chez vous, non pas avec l'intention de prendre le petit déjeuner en leur compagnie, mais simplement pour les amener voir le quartier pauvre ? Aviez-vous envisagé le risque que nous puissions voir les choses différemment de ce que vous anticipiez alors ? »

Laurent Lamothe: « En tant que gouvernement, il est facile de donner l'image que vous souhaitez de votre nation. En revanche, il n'est pas si facile de faire face à la vérité, à savoir : que votre nation semble aller mal parce qu'en réalité, elle va mal. Mais il est également vrai que le journalisme ne montre souvent que les difficultés d'Haïti. Si les honnêtes gens se donnaient la peine de marcher avec nous et de regarder Haïti avec les mêmes yeux que nous, sans doute auraient-ils une meilleure image de notre pays. Nous pourrions découvrir ensemble nos forces ainsi que nos faiblesses. En fin de compte, nous pourrions tous mieux nous connaître. »

ESCUCHAR NOS ENSEÑA A DIRIGIR

Philip Holsinger: "Sr. primer ministro: Yo había estado trabajando en Haití como fotorreportero y capturaba las partes menos conocidas de su país. Mucho de lo que había escrito y publicado sobre Haití, aunque hermoso, no ha sido halagador. Y sin embargo, me invitó a mí, aún un extraño en ese entonces, a apuntarme a una aventura arriesgada: Usted, el líder del gobierno, iba a llevar a un grupo de políticos y empresarios a caminar por un barrio pobre adyacente a su casa para tener una experiencia de primera mano con la gente que lo habitaba. Además, iba a llevar a un fotorreportero reconocido por captar la verdad cruda y dura de una situación. ¿De verdad invitó a todos esos oficiales del gobierno y empresarios tan elegantemente vestidos con la intención de llevarlos a esa excursión y no a desayunar en su casa? ¿Consideró que se arriesgaba a que nosotros viéramos las cosas de forma diferente a la que anticipó?"

Laurent Lamothe: "Es muy fácil para un gobierno crear la imagen que quiere dar de su nación. Menos fácil es enfrentar la verdad de que tu nación no tiene una buena imagen porque no está bien. Es cierto que a menudo el periodismo ha mostrado sólo las dificultades de Haití. Sospeché que si gente honesta recorría y observaba Haití con nosotros, entonces podríamos encontrar una visión más honesta de nuestro país. Podríamos descubrir juntos nuestras fortalezas y nuestras debilidades. Al final todos nos conoceríamos mejor".

LL: "Esa mañana fue un punto de giro, para mí y para mi gobierno. Queríamos mostrarle al sector empresarial lo que se siente y cómo se vive en condiciones infrahumanas. Para llegar... para llegarles al corazón. Instarles a involucrarse, a ser agentes de cambio. Sólo

Previous pages: Mostly unregistered and uninspected, poor neighborhoods like this one along Canape Vert in Port-au-Prince are almost completely lacking in utilities and proper infrastructure. These are literally cities without streets. Much of the destruction from the 2010 earthquake occurred in these underdeveloped mountainside communities.

Above: A young woman in Port-au-Prince holds a baby she and her siblings adopted after discovering the child without living family following the 2010 earthquake.

Journalism often has shown only the difficulties of Haiti. I suspected if honest people could walk with us and look at Haiti alongside us then a more honest view of our country might be found.

when you have an awareness at the highest level… business sector, government level, and feel that everybody has to be together as one to fight for the poor, to fight to improve the living conditions of those who have nothing, only then can you help—and we are a country of ten million people and we need to have much more solidarity amongst ourselves… rich, poor… to unite as one and to tackle this poverty that is gripping all of us."

PH: "As I walked with you and the others I was moved by the genuine surprise of people to see you and your friends in their neighborhood."

LL: "Well, their reaction was of surprise, of… everybody was astonished to see men and women of high, you know, government members, business leaders come to their neighborhood. Actually people that care. That care to see how we can work together to solve that problem."

PH: "There was one man who was sleeping in a back room when you came into his little house. His wife called for him to come, saying the Prime Minister had come to visit. But the man yelled back at his wife to stop kidding and to be quiet. But she persisted and when he came out of his room he almost fell down. Everyone laughed."

LL: "It is not everyday a Prime Minister comes to visit so he was shocked to say the least. I

moun ap viv tankou bèt. Mwen te vle touche kè yo. Se te yon fason pou ankouraje yo antre nan mouvman an --- Pou fè yon chanjman. Se lè nou tout va pran konsyans, se lè sektè prive nan biznis met tèt ansanm ak gouvènman an pou nou goumen pou pòv yo, pou nou goumen pou amelyore kondisyon lavi moun ki pa posede anyen, se lè sa a sèlman nou tout ap ka ede pèp nou an--- Vin jwenn nou se yon peyi ki gen anviwon 10 milyon moun, nou bezwen gen plis solidarite nan mitan nou… rich kou pòv… fòk nou mete tèt nou ansanm pou nou goumen kont mizè sa a k ap toufe nou tout."

PH: "Pandan mwen ta p mache ansanm avè w epi ak lòt vizitè yo, mwen santi sa te touche m pou jan moun yo te viv yon bèl sipriz lè yo te wè w k ap debake nan katye yo ak plizyè zanmi w pou w vin wè yo."

LL: "Se vre, nou wè jan moun nan katye sa yo pa t atann yo a vizit sa a dapre reyaksyon yo… Tout moun sezi wè gason ak fi wo nivo, ou konnen, manm gouvènman ak chèf biznismann debake vin vizite yo nan katye pa yo. Yo te sezi wè kouman vizitè yo te enterese jwenn fason pou yo travay ansanm pou rezoud pwoblèm lamizè a."

PH: "Te gen yon nonm ki t ap dòmi nan yon chanm pa dèyè lè w te rive lakay li. Madanm li rele l pou li vini epi li di mari li Premye Minis la vin vizite l. Mesye sa a reponn madanm li byen fò, li di madanm li sispann radote, epi li

LL: « "Ce matin-là a représenté un tournant pour moi-même, personnellement, et pour mon administration. Nous voulions montrer au monde des affaires à quoi ça ressemble et qu'est-ce que ça représente, de vivre dans des conditions inhumaines. Afin de pouvoir toucher leur cœur. Pour les porter à s'impliquer. Pour faire la différence. Il faut une prise de conscience au plus haut niveau, dans le secteur privé, au sein du gouvernement, il faut partager le sentiment que tous doivent s'unir pour se battre pour les pauvres, lutter pour améliorer les conditions de vie de ceux qui n'ont rien, afin d'être réellement capable d'aider. Notre pays compte dix millions d'habitants, nous devons être beaucoup plus solidaires, riches et pauvres, nous devons nous unir comme un seul être pour lutter contre cette pauvreté qui nous paralyse tous. »

PH: « "Alors que je me promenais avec vous et les autres, j'ai été ému par la réaction spontanée des gens étonnés de vous voir, vous et vos amis, dans leur quartier." »

LL: « Eh bien, c'était une réaction de surprise ; tout le monde était étonné de voir des hommes et des femmes haut placés, des membres du gouvernement, des chefs d'entreprise, venir leur rendre visite dans leur quartier. En fait, des gens qui se préoccupent d'eux, qui veulent trouver une manière de travailler ensemble pour résoudre ce problème. »

PH: « Il y avait un homme qui dormait dans

cuando hay consciencia en los niveles más altos, en el sector empresarial, en el gobierno y se siente que todos tenemos que unir fuerzas para luchar por los pobres, para mejorar las condiciones de vida de los desposeídos, sólo entonces uno puede ayudar. Somos un país de diez millones de personas. Tenemos que ser mucho más solidarios entre nosotros mismos, ricos, pobres, unirnos como un solo hombre para hacer frente a esta pobreza que nos está asfixiando a todos".

PH: "En el recorrido, me conmovió la genuina sorpresa de la gente al verle a usted y a sus amigos en su vecindario".

LL: "Bueno, su reacción fue de sorpresa. Todo el mundo se sorprendió al ver a hombres y mujeres de alto… ya sabes, miembros del gobierno y líderes empresariales en su barrio. En realidad, gente interesada en ellos. Gente interesada en encontrar la forma de trabajar juntos para resolver ese problema".

PH: "Un hombre estaba durmiendo en un cuarto trasero cuando usted entró en su casita. Su esposa lo llamó para que viniera, porque el primer ministro había venido a visitarles. Pero él le gritó que dejara de bromear y se callara. Ella insistió. Cuando el marido salió del cuarto casi se cae. Todos se rieron".

LL: "No todos los días un primer ministro viene de visita, de modo que él estaba, digamos, muy sorprendido. Ni su esposa ni sus

We wanted to show the business sector what it feels like and how it is to live in subhuman conditions.

Previous page: A mother instructs her daughter in the craft of traditional coffee roasting near Seguin National Park. Government programs sought to improve farming and market conditions for peasant producers of cash crops such as coffee, cocoa, and spices, which in the past have been among Haiti's most lucrative exports.

Above: Prime Minister Lamothe speaks with a market seller in Petite Riviere. The government constructed municipal marketplaces across the country, providing security and health for market sellers by way of clean, safe places for business.

I was able to touch and to feel… real people that have real problems. And people that we should never, ever abandon.

mean, his wife and his kids, nobody wanted to believe so they had to come out to see who was that visitor that came in their neighborhood and it happened to be myself as Prime Minister. And it was one of the better days of my administration because I felt that I was… I understood the meaning of why I was serving. And I was able to touch and to feel… real people that have real problems. And people that we should never, ever abandon."

PH: "Why did you invite international business leaders and government officials to join you on the walk that morning? Some say you did so as a public relations stunt, which I confess I thought so at first."

LL: "Because Haiti's poverty problem is not going to be solved overnight and it can't be done alone—although we do need to learn to take care of ourselves. It is going to take time. It is going to take will power. And it is going to take investment. I wanted companies to participate and I wanted to use this experience as a micro example for what can be replicated in the rest of the country by getting the leaders personally involved.

LL: "We all must be involved and understand who we are serving. Because the reasons why Haiti is so poor is lack of investments, abandonment, political instability, and also a mentality that others are going to help us. We as Haitians need to change too. Others do help

di madanm li fèmen bouch li. Men, madanm li ensiste. Lè mesye a soti nan chanm lan, li manke tonbe. Tout moun tonbe ri."

LL: "Sa pa rive chak jou pou yon Premye Minis vin fè yon vizit kon sa. Mesye a si tèlman sezi, li pa di yon mo. Ni madanm li, ni pitit li yo, yo youn pa t ka kwè sa. Yo te oblije soti deyò pou yo wè ki vizitè sa a ki te vin nan katye yo a. Se te mwen menm: Premye Minis la. Se te youn nan pi gwo jou nan travay mwen paske mwen te santi mwen te rive konprann rezon ki fè mwen dwe sèvi pèp la. Mwen te an mezi santi pwofondè pwoblèm moun ki nan mizè tout bon. Se yon seri moun ke nou pa ta janm dwe abandone."

PH: "Pou ki sa ou te envite responsab biznis entènasyonal sa yo ak ofisyèl gouvènman yo akonpaye w nan vizit sa a? Gen moun ki di ou te fè sa kòm yon sòt de piblisite pou fè pwopagann. Se sa ki te pase nan tèt mwen tou."

LL: "Pwoblèm lamizè ann Ayiti p ap ka rezoud yon grenn kou e li p ap ka rezoud pou kont li – menm si se nou menm ki dwe aprann rezoud pwoblèm nou. Sa pral pran tan. Sa pral mande kapasite pou nou pran desizyon e pou nou fè suivi. E sa pral mande envestisman. Mwen te vle dirijan antrepriz yo patisipe e mwen te vle itilize esperyans sa a kòm yon senp egzanp pa rapò a sa ki ka fèt nan rès peyi a, yon mannyè pou dirijan yo angaje tèt yo pèsonèlman."

une arrière-salle quand vous êtes entré dans sa petite maison. Sa femme l'a appelé pour le faire venir, disant que le Premier ministre était venu les visiter. Mais l'homme a demandé à sa femme qu'elle arrête de plaisanter et qu'elle se taise. Mais elle a persisté et, quand il est sorti de sa chambre, il a failli tomber à la renverse. Tout le monde a ri. »

LL: « Ce n'est pas tous les jours qu'on reçoit la visite d'un Premier ministre, il était donc pour le moins étonné. Je veux dire, sa femme et ses enfants, personne ne voulait y croire. Ils ont dû sortir pour voir qui était vraiment ce visiteur venu dans leur quartier et il se trouve qu'il s'agissait de moi-même, le Premier ministre. Et ce fut l'un des plus beaux jours de mon administration parce que j'ai ressenti… j'ai compris pourquoi je servais mon pays. J'étais en mesure de ressentir et de toucher… de vraies personnes qui ont de vrais problèmes. Des gens que nous ne devrions jamais, jamais abandonner. »

PH: « Pourquoi avez-vous invité des dirigeants d'entreprises internationales et des responsables gouvernementaux à se joindre à votre promenade ce matin-là ? Certains disent qu'il s'agissait pour vous d'un coup de relations publiques, ce que j'avoue avoir moi-même pensé au premier abord. »

LL: « Parce que le problème de la pauvreté en Haïti ne va pas être résolu du jour au lendemain et cela, nous ne pouvons pas le faire seuls

hijos, nadie quería creerlo. Por eso tenían que salir a comprobar con sus propios ojos quién era el que visitaba el barrio. Y era yo, su primer ministro. Fue uno de los mejores días de mi gobierno porque sentí que yo… comprendí por qué estaba sirviendo. Pude tocar y sentir la cercanía de gente real con problemas reales. ¡Gente a la que nunca debemos abandonar!"

PH: "¿Por qué invitó a empresarios extranjeros y funcionarios del gobierno a que lo acompañaran? Algunos dicen fue meramente un acto de relaciones públicas. Confieso que yo pensé lo mismo en un primer momento".

LL: "Porque el problema de la pobreza de Haití no se va a resolver de un día para otro, ni lo resolveremos solos. Aunque sí tenemos que aprender a solucionar nuestros problemas. Va a tomar tiempo, fuerza de voluntad e inversiones. De modo que quería que las empresas participaran y usar esta experiencia como un ejemplo de lo que podría replicarse en el resto del país si se involucra personalmente a los líderes".

LL: "Todos debemos estar en el meollo y entender para quién estamos trabajando. Haití es tan pobre debido a la falta de inversiones, el abandono, la inestabilidad política y esa mentalidad de que otros nos van a ayudar. Nosotros como haitianos tenemos que cambiar también. Otros sí nos ayudan. Pero ese "otro" a veces no se puede identificar. Un "él"

Prime Minister Lamothe and staff walk the narrow streets of a poor neighborhood in Port-au-Prince.

Above: The colors of the newly painted Jalousie neighborhood in Petionville. Inspired by similar beautification projects in Brazil, residents of Jalousie received home improvements ranging from roof repairs to colorful paint schemes as a way of improving conditions in the poor, crowded "cities without streets."

Above: Prime Minister Lamothe tours Jalousie neighborhood to speak with residents about the improvements. Criticized by some as being merely superficial, residents of the neighborhood expressed pride in having become a place for photographs because of the bright colors.

us. But that "other" is sometimes unidentified. It is an invisible "him." And that "other" may not always be there. So we have to take matters into our own hands and we have to take our destiny into our own hands in order to move to make this country a better place. I wanted these others to come with me so they would understand. So they would not just be helping, but they would be investing and partnering. Not with the government but with the people. I needed them to come with me to meet people. And people need to meet the leaders and investors to also understand they are [only] people too. With real strengths and limitations."

PH: "After that day you began to make it a habit to be on foot among people. You often drove instead of flying by helicopter. Some criticized you by saying you wasted time on the roads."

LL: "Leading and governing is about listening. Leading and governing is about hearing the other, especially the one that has a lot of problems. And acting on his behalf to solve those problems. So you have to listen first and you act after. And that's what I felt I was doing by making time as much as possible to walk with people and be with them in their homes."

LL: "Listening is an integral part of leadership. Listening to the hardship or to the story of a

LL: "Nou tout dwe angaje tèt nou epi fòk nou konprann moun sa yo n ap travay pou yo. Rezon sa yo ki fè Ayiti pòv kon sa, se mank envestiman, se abandon, se enstabilite politik epi se yon mantalite ki fè nou kwè lòt peyi ap toujou la pou ede nou. Nou menm, kòm Ayisyen, nou dwe chanje tou. Lòt ap ede nou se vre. Men, pafwa nou pa ka idantifye "lòt" sa a. Pafwa "lòt" sa a envizib e "lòt" sa a gen dwa pa ka la tout tan. Nou dwe pran responsabilite nou epi nou dwe pran desten nou nan men pou nou ka vanse, pou n fè peyi sa a vin miyò. Mwen te vle lòt moun sa yo vin avè m pou yo ka pi byen konprann. Yo pa t ap vini pou yo sèlman ede; men, yo t ap vini pou yo envesti epi tabli patenarya. Se pa sèlman patenarya avèk gouvènman an. Men, fòk se ta patenarya avèk pèp la tou. Mwen te vle yo vini avè m pou yo rankontre ak pèp la. E pèp la dwe rankontre dirijan yo ak envestisè yo tou, pou pèp la ka wè yo se moun tankou tout moun. Yo gen fòs pa yo; men, yo gen limit pa yo tou."

PH: "Aprè jou sa a, sa vin yon abitid pou w mache a pye nan mitan pèp la. Ou plis renmen pran machin olye w vole nan elikoptè. Gen kèk moun ki kritike w pou di se tan w ap gaspiye sou wout yo."

LL: "Dirije epi gouvène, sa mande pou dirijan aprann koute. Dirije epi gouvène mande pou youn koute lòt, sitou moun sa yo ki gen anpil pwoblèm. Epi fòk nou aji nan non moun sa yo

– quoique nous devions apprendre à prendre soin de nous-mêmes. Cela prendra du temps. Il faudra disposer d'un pouvoir de décision. Il faudra également de l'investissement. Je souhaitais que les entreprises participent et je voulais utiliser cette expérience comme un exemple à très petite échelle de ce qu'on peut accomplir à l'échelle du pays tout entier en impliquant personnellement les dirigeants. »

LL: « Nous devons tous être impliqués et comprendre qui nous servons. Parce que les raisons pour lesquelles Haïti est si pauvre est le manque d'investissements, l'abandon, l'instabilité politique, et aussi cette mentalité que l'aide viendra des autres. Nous tous, en tant qu'Haïtiens, nous devons changer aussi. Les autres nous aident. Mais cet « autre » est parfois non identifié. C'est un invisible « lui ». Et nous n'avons aucune certitude que cet « autre » sera toujours là. Donc, nous devons prendre les choses et notre destin en mains afin d'aller de l'avant pour faire de ce pays un meilleur endroit. Je voulais que les autres viennent avec moi pour qu'ils puissent comprendre. Ils ne viendraient pas simplement pour aider, mais aussi pour investir et nouer des partenariats. Pas avec le gouvernement, mais avec les gens. J'avais besoin qu'ils viennent rencontrer les gens avec moi. Les gens aussi ont besoin de rencontrer les dirigeants et les investisseurs pour comprendre qu'ils sont des êtres humains au même titre qu'eux. Avec leurs forces et

invisible. Ese "otro" no siempre está. Así que tenemos que encargarnos nosotros de las soluciones y decidir nuestro destino para que este país vaya adelante. Quería que estos otros me acompañaran para que entendieran, y así no estarían sólo ayudando, sino invirtiendo y colaborando, no sólo con el gobierno sino con el pueblo. Necesitaba que me acompañaran a conocer a la gente, y que esta conociera a los empresarios e inversionistas para que entendieran que ellos son, al final, sólo personas, con posibilidades y limitaciones reales".

PH: "A partir de ese día, se acostumbró a caminar entre la gente. A menudo, manejaba en vez de ir en helicóptero. Algunos le criticaban que estaba perdiendo tiempo en las carreteras".

LL: "Dirigir y gobernar es escuchar al otro, sobre todo al que tiene muchos problemas y actuar en su nombre para resolver esos problemas. Así es que debes escuchar primero y actuar después. Eso es lo que estaba haciendo al pasar el mayor tiempo posible caminando con la gente y en sus casas".

"Lo sentí al hacerlo, apartando todo el tiempo necesario para poder caminar con la gente y estar con ellos en sus casas".

LL: "Escuchar es esencial para un líder. Escuchar la historia de una madre que no puede alimentar a sus cinco hijos o no sabe dónde conseguir su próxima comida. Sólo así un líder

Previous page from left: Girl poses at sunset in family rice field near Gonaives; Produce seller displays vegetables on the pathway in one of the capital's "cities without streets."

Above: A mother bathes her child on Pilante island near Ile-a-Vache. Largely ignored by past governments, farmers and fishermen in remote regions of Haiti became the focus of special programs providing tools and resources to improve production and delivery of valuable food sources.

Leading and governing is about hearing the other, especially the one that has a lot of problems. And acting on his behalf to solve those problems.

Above: An Ede Pep restaurant near Miragoane. A first in Haitian history, tens of thousands in poor neighborhoods around the nation received daily hot meals at a reduced cost through MAST/Ede Pep.

Right: Women prepare the afternoon meal at an Ede Pep community restaurant in Carrefour. Right page: Prime Minister Lamothe meets with residents in the neighborhood of his home in Turgeau in Port-au-Prince.

mom of five who cannot feed her children or who doesn't know where to get them the next meal. It is the only way for a leader to understand the depth and impact of the policies that he's drafting. So listening to those who have no voice allows you to better understand and make more impactful policies in order to help them. Because the very people who are desperately in need of help, or who are desperately in need of assistance need to be listened to carefully. And any leader in any emerging country needs to understand the power of listening because it makes you a better leader, it makes you a more efficient leader."

"So in my personal life in order to make a decision I like to listen first and speak after. You listen, you process, you understand, and then your decision will have much more depth and impact."

"One of the ways to discover the country and to have a feel for what the people are experiencing is actually going to visit them, sit down at home with them, talking to them, listening. Talking to their children, to their families, and get a sense really of what should the government do with the small means that we have. Because we have little means to make a difference. And these trips around the country, around the towns and neighborhoods and in private homes really, really helped us to make a small difference in their lives by understanding

pou nou rive rezoud pwoblèm yo. Dirijan yo ta dwe koute anvan epi aji aprè. Se sa mwen te santi m ap fè lè m t ap pwofite tout chans mwen te genyen pou m mache nan mitan pèp la e lè m t al vizite yo lakay yo."

LL: "Koute se yon engredyan nan nannan travay yon lidè. Koute difikilte oswa istwa yon manman senk pitit ki pa ka bay pitit li manje oswa ki pa konn ki kote pou l jwenn kichòy pou yo, se sèl fason pou yon dirijan rive konprann pwofondè epi enpak politik l ap mennen an. Kidonk, koute moun ki pa gen lapawòl, se sa ki pral ede w konprann pi byen epi devlope yon politik djanm ki ka reyalize anpil bagay, ki ka ede yo. Paske moun sa yo ki bezwen èd ann ijans oswa ki bezwen asistans tou bon vre, nou dwe tande yo ak anpil atansyon. Tout dirijan nan peyi ki sou wout pou devlope, yo dwe konprann pouvwa sa a ke koute genyen paske pouvwa sa a fè dirijan vin pi bon lidè, sa fè dirijan bay bon ranman kòm lidè."

"Kidonk, nan vi pa mwen, anvan m pran yon desizyon, mwen renmen pran tan pou m koute anvan epi mwen pale apre. Lè w pran san w pou w tande, pou w analize, pou w konprann, desizyon w ap vin gen plis fòs, y ap nan avantaj plis moun."

"Youn nan fason pou dekouvri peyi a epi pou gen yon lide sou esperyans moun yo ap fè nan vi yo, se al vizite yo, chita lakay yo avèk yo, pale

leurs limites. »

PH: « À partir de ce jour-là, vous avez pris l'habitude de circuler à pied parmi les gens. Vous preniez souvent la route au lieu de voler en hélicoptère. Certains vous ont critiqué en disant que vous perdiez du temps sur les routes. »

LL: « Gouvernance et écoute sont synonymes. Diriger et gouverner, c'est écouter l'autre, en particulier les gens aux prises avec plusieurs problèmes. C'est aussi agir en son nom pour résoudre ces problèmes. Donc, vous devez d'abord écouter, et ensuite agir. C'est ce que j'avais le sentiment de faire en passant le plus de temps possible à marcher avec les gens et à les visiter dans leurs maisons. »

LL: « L'écoute fait partie intégrante du leadership. Écouter des histoires de privation, celle d'une maman de cinq enfants incapable de les nourrir ou qui ignore où elle trouvera le prochain repas. C'est le seul moyen pour un dirigeant de comprendre la profondeur et l'impact des politiques qu'il conçoit. L'écoute des sans voix vous permet de mieux comprendre et de mettre en place des politiques plus efficaces pour les aider. Parce que les gens qui ont désespérément besoin d'aide doivent être écoutés attentivement. Et tout dirigeant d'un pays émergent doit comprendre le pouvoir de l'écoute, car elle fait de vous un meilleur leader, un leader plus efficace. »

puede entender la profundidad y el impacto de las medidas que implementa. Escuchar a quienes no tienen voz te permite entender mejor y tomar medidas más eficientes para ayudarles. Hay que prestar mucha atención a quienes necesitan ayuda desesperadamente. Todo líder en cualquier país emergente tiene que comprender el poder de escuchar ya que te convierte en un líder mejor, más eficiente".

"Así que en mi vida personal para tomar una decisión me gusta escuchar primero y hablar después. Escuchas, procesas, entiendes y entonces tu decisión será más profunda y de mayor impacto".

"Una de las maneras de descubrir el país y así tener una idea de cómo las personas viven es visitarlas, sentarse en su casa, hablar con ellas, escucharlas. Hablar con sus hijos, con sus familias para formarse una idea de lo que en realidad debería hacer el gobierno con los escasos recursos de que dispone. Porque contamos con escasos recursos para hacer cambios sustanciales. Y esos viajes por el país, las ciudades, los barrios y las casas privadas de verdad nos ayudaron a hacer pequeños cambios en sus vidas al comprender sus verdaderas necesidades concretas".

"Yo estaba escuchando su voz, tratando de dar voz a los que no la tienen, al prestar oído a gente que nunca antes había sido escuchada

Listening to those who have no voice allows you to better understand and make more impactful policies in order to help them.

From left: The vast interior of the new public market in Les Cayes; New school in Petite Rivierre; Worker emerges from room at new Place Boyer park decorated with Haitian-made artifacts and Jacmel tile.

their particular, very real needs."

"I was listening to the voice of… I was trying to give a voice to the voiceless by listening to people who had never been listened to by such an authority before. And those are the people that we work for. And they're Haitian. And they have every right to be treated fairly by their leaders. And I felt that we owed them at least that much to go and visit them. And that's why we did that visit [in April where you first came along] and several hundred other visits."

"There is nothing more important than to listen to one another. We haven't done that in our history. We have always wanted to talk. So in the past we have only ended up shouting over top of one another. Just listen to Haitian radio. I am making a joke, yes, but it is sadly true. That day in April you have wanted to talk about as seeming like a turning point was a turning point. As you know it was after this we started "Government in Your House," where we took the entire government to visit the different cities around Haiti to have face-to-face talks with people. You are also aware the entire government would meet monthly to report to the nation on live television what each ministry accomplished in the month prior. Can you imagine if the U.S. Congress would meet in this way? It has been about listening and learning. And we have learned

avèk yo, koute yo. Pale ak pitit yo, fanmi yo, epi sa ap ban nou lide sou ki repons gouvènman an dwe bay selon ti mwayen ke gouvènman an genyen. Se sèlman ak ti mwayen sa yo ke gouvènman an ka fè sa l gen pou l fè. Tout vizit sa yo nan peyi a, nan bouk yo, nan katye yo epi nan kay prive yo, sa te vrèman ede nou fè yon ti diferans nan lavi moun sa yo paske nou te rive byen konprann bezwen chak moun tout bon vre".

"Mwen t ap koute moun … Mwen t ap eseye defann kòz moun ki pa gen moun pou defann kòz yo. Se pou sa mwen te chita koute moun sa yo ke otorite ki te la anvan yo pa te janm konn koute. Se pou gwoup moun sa yo n ap travay. Yo se Ayisyen tou. Yo gen dwa pou dirijan peyi a trete yo san patipri. O mwen nou dwe yo sa, pou n al rann yo vizit. Se sa k fè nou te ale nan katye yo lè w te vin ansanm avè m premye fwa ann avril epi nan plizyè lòt vizit."

"Sa ki pi enpòtan se lè youn koute sa lòt gen pou l di. Nou pa ko janm fè sa nan istwa nou. Nou toujou renmen pale. Kon sa, depi lontan, se youn k ap eseye pale pi fò pase lòt. Al koute radyo ayisyen yo epi w ap wè sa! Se vre, sa se yon blag m ap fè. Men, malerezman, se yon verite ki tris. Jou avril sa a ke ou vle dekri kòm yon jou desizif, jou sa a se te yon jou desizif pou mwen vre. Tankou w konnen, aprè jou sa

« Donc, dans ma vie personnelle, avant de prendre une décision, je tiens d'abord à écouter avant de parler. Vous écoutez, vous traitez, vous comprenez, et ensuite votre décision aura beaucoup plus de profondeur et d'impact. »

« Une des façons de découvrir le pays et d'avoir une idée de ce que les gens savent sur la situation réelle consiste à leur rendre visite, s'asseoir à leurs tables, leur parler, les écouter. Parler à leurs enfants, à leurs familles, et se faire ainsi une idée de ce que le gouvernement devrait vraiment faire avec les moyens modestes dont nous disposons. Parce que nous avons peu de moyens pour faire la différence. Et ces voyages à travers le pays, à travers les villes et les quartiers et dans les maisons privées, nous ont réellement aidés à faire une petite différence dans leur vie par la compréhension de leurs besoins réels et particuliers. »

« Je tentais de donner une voix aux sans-voix en écoutant les gens qui n'avaient jamais été écoutés par une telle autorité auparavant. Et ce sont les gens pour qui nous travaillons. Ils sont haïtiens. Et ils ont le droit d'être traités équitablement par leurs dirigeants. Je sentais que nous leur devions au moins cela, aller leur rendre visite. Voilà pourquoi nous avons fait cette visite (en avril, au moment où vous êtes arrivé pour la première fois), et plusieurs centaines d'autres visites. »

por una autoridad de ese nivel. Para esas personas trabajamos. Son haitianos. Y tienen todo el derecho a que sus líderes los traten con justicia. Yo sentía que les debíamos al menos eso, visitarles. Por eso hicimos ese recorrido en abril, cuando viniste por primera vez, y luego centenares de visitas más".

"No hay nada más importante que escucharnos mutuamente. En nuestra historia, no hemos hecho eso, siempre hemos querido hablar, de modo que terminábamos gritándonos. Escucha la radio haitiana y verás. Sí, estoy bromeando, pero es tristemente cierto. Ese día de abril que te pareció un punto de giro fue exactamente eso. Como sabes, después de esa experiencia comenzamos el programa "Gobierno en tu casa" que consistía en llevar a todo el equipo de gobierno a visitar diferentes ciudades del país y conversar cara a cara con la gente. También sabes que el gobierno se reúne mensualmente, televisado en vivo, para dar cuentas de lo hecho por cada ministerio el mes anterior. ¿Imagínate si el Congreso de Estados Unidos trabajara así? Se trata de escuchar y aprender. Y hemos aprendido mucho. Pero nos queda mucho por aprender y conversar".

so much. But we have a lot more to learn and to talk about."

a, pwojè "Gouvènman Lakay Ou" te pral pran fòm kote nou te pral ankouraje tout manm gouvènman an al vizite diferan vil yo nan peyi a pou yo pale fas a fas ak pèp la. Ou konnen tou se te yon devwa pou tout gouvnman an reyini chak mwa pou rann kont bay nasyon an an dirèk sou televizyon sou aksyon chak ministè te reyalize nan mwa ki sot pase a. Èske w imajine si Kongrè Ameriken an te konn fè reyinyon kon sa, menm jan ak nou? Objektif la se pou nou tande epi aprann. Fòk mwen di w tou, nou te aprann anpil. Men, nou gen pi plis toujou pou nou aprann epi pou nou diskite."

« Il n'y a rien de plus important que de s'écouter les uns les autres. Nous ne l'avons pas fait dans notre histoire. Nous avons toujours voulu parler. Ainsi, dans le passé, nous en sommes seulement venus à crier les uns sur les autres à qui mieux mieux. Il suffit d'écouter la radio en Haïti. Je fais une blague, mais c'est malheureusement vrai. Ce jour-là, en avril, vous avez voulu parler d'un tournant. Comme vous le savez, nous avons lancé peu après l'initiative « Gouvènman an lakay », qui consistait à emmener l'ensemble du gouvernement visiter les différentes villes à travers Haïti, pour s'entretenir en personne avec les gens. Vous savez aussi que l'ensemble du gouvernement doit se réunir chaque mois pour informer la nation, en direct à la télévision, des accomplissements de chaque ministère durant le mois précédent. Pouvez-vous imaginer si le Congrès américain se réunissait de cette façon ? Pour être à l'écoute et pour apprendre. Et nous avons beaucoup appris. Mais nous avons encore beaucoup à apprendre et à discuter. " »

Left page 1: Proud new resident of Morne Cabrit public housing. 2: New school in Petite Riviere.

Above: New public Market in Archai.

Next Pages: St. Terese Stadium in Petionville.

YOU START BY LISTENING TO WHAT IS GOING ON IN YOUR OWN HOUSE

POU W BYEN KÒMANSE, FÒK OU KOUTE SA K AP PASE ANNDAN LAKAY OU

PH: "The building efforts of your administration, because of the amount of infrastructure constructed and social programs implemented, can be compared to the vast building efforts in the United States following the Great Depression. And yet even as your government undertook this seemingly impossible task of rebuilding a nation, you have been very particular about the character of your administration. Is it true you basically outlawed expensive catering at your headquarters and forced government ministers to turn in their expensive vehicles?"

LL: "You have to lead by example. It's important... We reduced government spending. We really tightened up the budget. We reduced the budget for vehicles. We capped the type of vehicles that public servants and ministers could purchase. We had them return their luxurious cars. That wasn't easy either. Some of them actually kept them! It simply does not make sense for a minister to drive a $120,000 car while serving people that are living with less than a dollar a day. So that $120,000 could help several hundred people instead of going to one minister. So what we did was the cars that we already purchased we kept them for foreign dignitaries when they visit. And then when new cars were purchased they were purchased at reasonable [prices]. Also we banned first class travel for ministers. I also began to travel in coach seating."

PH: "Lè n ap gade jefò ke administrasyon w lan fè pou rebati peyi a, kòmanse sou valè enfrastrikti ke gouvènman an bati rive sou pwogram sosyal ke ou mete sou pye, nou ka konpare jefò sa yo ak gwo jefò rekonstriksyon ki te fèt oz Etazini aprè gwo kriz ekonomik [soti 1930 rive 1939]. Poutan, menm lè gouvènman w lan te rive fè kèk aksyon ki parèt enposib pou bati yon nasyon, ou te devlope pwòp mak fabrik pa w pou administrasyon w lan. Èske se vre ou te konn entèdi manje ki koute chè nan katye jeneral ou epi ou te ankouraje minis yo remèt machin ki koute chè yo?"

LL: "Fòk mwen te trase bon egzanp. E sa enpòtan. Nou te redui depans gouvènman an. Nou te sere boulon bidjè a. Nou te redui bidjè pou acha machin. Nou te mete limit sou ki mak machin ke fonksyonè leta yo ak minis yo te ka achte. Nou te fè yo remèt bèl machin ki koute chè yo. Men, sa pa t fasil. Kèk nan yo pa t janm remèt machin sa yo. Sa vrèman pa gen sans pou yon minis ap kondui yon machin 120 mil dola pandan l ap travay pou moun k ap viv sou mwens pase yon dola pa jou. Alòske 120 mil dola te ka ede plizyè santèn moun olye lajan sa a al sèvi yon minis. Men sa nou te fè: machin sa yo ki te gentan achte, nou kenbe yo pou lè reprezantan etranje vin an vizit nan peyi a. Epi lè nou achte nouvo machin, nou achte yo kote nou jwenn yo a pi bon pri. Nou te entèdi vwayaj nan premye klas pou minis yo. Mwen menm tou, mwen te kòmanse vwayaje nan klas ekonomik."

COMMENCEZ PAR ÉCOUTER CE QUI SE PASSE DANS VOTRE PROPRE MAISON

PH: « Les efforts de renforcement de votre administration, en raison de la quantité des infrastructures construites et des programmes sociaux mis en œuvre, peuvent être comparés aux vastes efforts de renforcement aux États-Unis suite à la Grande Dépression. Et pourtant, même quand votre gouvernement a entrepris cette tâche apparemment impossible de construire une nation, vous avez vous-même adopté une approche très particulière en ce qui a trait à votre propre administration. Est-il vrai que vous avez essentiellement interdit toute restauration coûteuse au sein de cette administration et contraint des ministres du gouvernement à remettre leurs véhicules de luxe ? »

LL: « Vous devez prêcher par l'exemple. C'est important. Nous avons réduit les dépenses du gouvernement. Nous avons vraiment resserré le budget. Nous avons réduit le budget pour les véhicules. Nous avons fixé une limite quant au type de véhicules que les fonctionnaires et les ministres pouvaient acheter. Nous avons eu à retourner leurs voitures de luxe. Cela n'a pas été facile non plus. Certains d'entre eux les ont gardées ! Ça n'a tout simplement aucun sens pour un ministre de conduire une voiture de 120 000 dollars, alors qu'il est censé servir des personnes vivant avec moins de un dollar par jour, alors que ces 120 000 dollars pourraient aider plusieurs centaines de personnes au lieu d'être consacrés au véhicule d'un ministre. Les voitures déjà acquises ont donc été réservées à l'usage des dignitaires étrangers lors de leurs visites. Quant aux nouvelles voitures, elles ont été achetées à des prix raisonnables. Nous avons également interdit les voyages en première classe pour les ministres. À l'époque, je commençais moi-même à voyager en classe économique. »

UNO EMPIEZA POR ESCUCHAR LO QUE OCURRE EN SU PROPIA CASA

PH: "Debido a la infraestructura construida y a los programas sociales implementados, los esfuerzos de su administración se pueden comparar a los de Estados Unidos después de la gran depresión. Sin embargo, mientras su gobierno embarcó en esta tarea casi imposible de reconstruir una nación, usted ha sido muy cuidadoso con el carácter de su administración. ¿Es cierto que prohibió los suministros costosos en los edificios gubernamentales y obligó a los ministros de gobierno a entregar sus vehículos de lujo?"

LL: "Hay que predicar con el ejemplo. Es importante. Redujimos los gastos de gobierno, controlamos realmente el presupuesto. Cortamos el presupuesto para vehículos y limitamos el tipo de vehículo que los funcionarios públicos y los ministros pueden comprar. Les hicimos devolver sus coches de lujo. No fue fácil. ¡Algunos se quedaron con ellos! Simplemente, no tiene sentido que un ministro conduzca un coche de 120 mil dólares cuando está al servicio de personas que viven con menos de un dólar al día. Esos 120 mil dólares pueden ayudar a varios cientos de personas en vez de ser gastado por un ministro. Los coches que ya habíamos comprado los hemos conservados para el uso de dignatarios extranjeros de visita en el país. Entonces, cuando compramos vehículos nuevos negociamos precios razonables. También prohibimos viajes en primera clase para los ministros. Yo mismo empecé a viajar en clase turista".

Previous pages: New housing in Morne Cabrit built to accommodate families made homeless by the 2010 earthquake.

Above: Prime Minister Lamothe meets with fishermen in Cay Coq.

Following pages: Clockwise from left: A student in Cite Soleil prepares for school in the impoverished neighborhood known as "the charcoal." 2. Women in traditional attire prepare for the inauguration of Place Simon Bolivar park and The Jacmel Convention Center in Jacmel. 3. New convention center and seafront under construction in Jacmel. Right: The new public market in Jacmel.

It simply does not make sense for a minister to drive a $120,000 car while serving people that are living with less than a dollar a day.

PH: "You oversaw a government for thirty-one months, the longest tenure of any Prime Minister in Haiti's modern history. While you believed in the importance of dialogue others say dialogue with people doesn't work. Some say "strong," dictatorial rule is the only way to govern Haiti.

LL: "Well, a leader that doesn't listen will be very short lived. Or that leader will manage for a while to rule a country benefitting only himself, which history proves always will end poorly for everyone. As it has been proved in my own country. We have seen in the past for thirty years we had a dictatorship where the Duvalier family governed as they wanted, without ever taking the time to listen to the people. To listen to the people, to listen to the farmers' issues with the bad quality of fertilizer that they are getting. Not taking the time to listen to the doctors in the most rural area running out of medicine and not being able to treat their patients; or not even having a mortar and concrete school but having to teach under a tree. Never taking time to listen to the thousands of children about the situation where we are today. So you need not a strong ruler you need a dedicated person. You need a dedicated ruler. Somebody that rules for the betterment of the country and not the betterment of his own person, of his own pocket. You need somebody with a big heart that cares versus someone that only cares about himself."

PH: "Are you saying you are that big hearted person?"

PH: "Ou te dirije yon gouvènman pandan trant e en mwa. Sa se manda Premye Minis ki te pi long nan listwa modèn Ayiti a. Alòs ke ou te kwè nan enpòtans dyalòg, menm lè lòt moun te di dyalòg pa bay. Gen kèk moun ki di sèl fason pou n gouvène Ayiti se ak diktati gwo ponyèt."

LL: "M ap di w byen, yon dirijan ki pa konn koute p ap ka fè lontan. Oubyen dirijan sa a ap antre nan yon dinamik jere yon peyi pou benefis pwòp tèt li sèlman. Lè kon sa, listwa pwouve ke sa toujou fini mal pou tout moun. Menm jan nou viv sa nan pwòp peyi n. Nan trant lane ki sot pase yo, nou wè te gen yon diktati kote fanmi Duvalier t ap gouvène jan yo vle, san yo pa t janm pran tan pou yo koute pèp la. Pou yo koute pèp la, pou yo koute kiltivatè yo konsènan pwoblèm move kalite angrè ke yo resevwa. Pou yo koute doktè ki nan zòn ki pi rekile yo, ki pa gen medikaman e ki pa ka geri malad y ap trete. Oswa pwofesè ki pa menm genyen yon lekòl an beton; ansèyman an ap fèt anba pye bwa. Yo pa te janm pran tan pou yo koute plizyè milye timoun pou yo konprann sitiyasyon kote nou ye jodi a. Kidonk, ou pa bezwen yon lidè gwo ponyèt; sa w bezwen se yon moun ki devwe. Ou bezwen yon lidè ki devwe. Yon moun k ap dirije pou l amelyore peyi a; men, se pa pou enterè pwòp tèt li, pwòp pòch li. Pito ou jwenn yon moun ki gen bon kè epi ki vle fè travay la toutbon pase yon lòt ki vin regle zafè pèsonèl li sèlman."

PH: "Ou vle di ou se yon moun ki gen bon kè?"

PH: « Vous avez dirigé un gouvernement pendant trente-et-un mois, la plus longue durée pour n'importe quel Premier ministre dans l'histoire moderne d'Haïti. Alors que vous avez cru en l'importance du dialogue, d'autres affirment que le dialogue ne fonctionne pas. Certains disent que « la manière forte », la dictature, est la seule façon de gouverner Haïti. »

LL: « Eh bien, un leader qui n'écoute pas ne fera pas long feu. À la rigueur, ce leader va gérer pendant un moment, en tentant de diriger un pays pour son propre bénéfice, ce qui, d'après ce que l'histoire révèle, finit toujours mal pour tout le monde. Comme l'histoire de mon propre pays l'a démontré. Par le passé, pendant une trentaine d'années, nous avons connu la dictature des Duvalier qui ont gouverné comme bon leur semblait, sans jamais prendre le temps d'écouter les gens. Pour écouter les gens, écouter par exemple les problèmes des agriculteurs aux prises avec des engrais de mauvaise qualité. Ne pas prendre le temps d'écouter les médecins dans la région la plus rurale, à court de médicaments, et incapables de traiter leurs patients ; ou n'avoir pas même un mortier et une école en béton, mais devoir enseigner sous un arbre. Ne jamais prendre le temps d'écouter les milliers d'enfants au sujet de la situation dans laquelle nous sommes aujourd'hui. Donc, vous n'avez pas besoin d'employer la manière forte, vous avez plutôt besoin d'implication et de responsabilité. Quelqu'un qui gouverne pour le bien du pays et non dans l'intérêt de sa propre personne, de son propre portefeuille. Vous avez besoin de

PH: "Usted dirigió el gobierno durante 31 meses, el mandato más largo de un primer ministro en la historia moderna de Haití. Aunque usted cree en la importancia del diálogo, otros piensan que dialogar con la gente no funciona. Algunos dicen que un régimen "fuerte", dictatorial, es la única manera de gobernar a Haití".

LL: "Bueno, un líder que no escucha durará poco. O gobernará el país durante un tiempo para su beneficio y la historia demuestra que eso siempre termina mal para todos. Mi propio país es prueba de ello. En el pasado vivimos durante treinta años la dictadura de la familia Duvalier, que gobernó como quiso, sin tomarse jamás el tiempo de escuchar a la gente. Escuchar los problemas de los agricultores y la mala calidad de los fertilizantes; a los médicos en las zonas rurales más alejadas que se quedaban sin medicinas y no podían atender a sus pacientes; a los maestros que ni siquiera tenían una escuela de concreto y daban clases bajo un árbol. Nunca se tomaron el tiempo de escuchar a los miles de niños sobre la situación en la que nos encontramos hoy. Por lo tanto no se necesita un gobernante fuerte sino una persona dedicada. Un dirigente dedicado. Alguien que gobierna para el bien del país y no para beneficio personal, para su propio bolsillo. Se necesita a alguien con un gran corazón y que se interese, no alguien que sólo se preocupa por sí mismo".

PH: "¿Quiere decir que usted es esa persona de gran corazón?"

To change the culture of a country you must first change the culture of your own house.

LL: "I am saying there is a better way to lead and it begins with including people not excluding them."

LL: "Haiti needs efficient management. As well as technology to fight poverty and bring millions of people a better tomorrow. How do you know what technology and investment you need without hearing where people are and what do they need and what can they offer? The idea is to experience… the idea is as a leader you are just one… you are leading a group and you must know what the group is feeling and experiencing and suffering. And so it's all about connecting with the suffering. And certainly as Prime Minister I would never know what somebody that's living with a disability for example is living like. But I think it's worth it to try to understand and to try to come up with solutions in order to assist and help people. By doing many things. One is economic growth. One is having a more just society, a society that cares more for its people. A society that understands the problems of its citizens that does not consider them as half men or inferior, because many in developing countries have that issue. They see somebody that's less fortunate and all of a sudden they cast a spell on the person as if the person is inferior. And that in Haiti should not happen. And that's what I did my best to prevent. One of the ways I tried to prevent this was by changing the internal culture of the government by how we spend money running the government. The goal is for the government to serve the people, not the opposite, which has been far too common in our history. To change the culture of a country you must first change the culture of your own house."

LL: "Mwen vle di gen yon fason ki pi kòrèk pou dirije e sa mande pou nou envite pèp la bò tab la olye pou nou mete l anba tab la."

LL: "Ayiti bezwen yon jesyon efikas. Menm jan tou, nou bezwen itilize teknoloji pou konbat lamizè epi fòk nou travay pou n pote yon demen miyò pou plizyè milyon moun. Kòman w ap ka konnen ki teknoloji epi ki envestisman pou w fè si w pa chache koute pou w konnen kote moun yo ye, ki sa yo bezwen epi ki sa yo ka ofri? Sa ki enpòtan, se aprann fè esperyans… Sa ki enpòtan, kòm lidè… ou se yon lidè … Lè w ap dirije yon gwoup, fòk ou konnen santiman yo, esperyans yo, soufrans yo. Sa ki enpòtan se relasyon ou genyen avèk moun k ap soufri yo. Sètènman, nou ka di, pa egzanp, kòm Premye Minis, mwen p ap janm konnen kouman yon moun ki andikape ap viv. Men, mwen panse sa nesesè pou n eseye konprann epi eseye jwenn fason pou n ede moun yo. Gen anpil bagay nou ka fè. Youn ladan yo se kwasans ekonomik. Nou dwe genyen yon sosyete pi jis, yon sosyete kote youn vreman vle ede lòt. Yon sosyete ki konprann pwoblèm sitwayen l yo, ki pa konsidere yo tankou mwatye moun oubyen moun enferyè. Anpil peyi soudevlope gen pwoblèm sa a. Lè yo wè yon moun ki gen mwens mwayen, yo gen tandans konsidere moun sa a kòm yon moun ki enferyè. Sa pa ta dwe rive ann Ayiti. Se sa k fè mwen te fè tout sa k posib pou m anpeche sa. Youn nan fason mwen te eseye anpeche sa, se jan mwen te eseye chanje fason gouvènman an fonksyone epi jan gouvènman an depanse lajan leta. Objektif gouvènman an se sèvi pèp la. Se pa pou n fè pèp la sèvi gouvènman an. Sa se yon pwoblèm ki prezante twò souvan nan istwa peyi nou. Pou

quelqu'un avec un grand cœur qui se soucie des autres, contrairement à ceux qui n'ont que leur propre intérêt en tête. »

PH: « Affirmez-vous être cette personne avec un grand cœur ? »

LL: « J'affirme qu'il y a une meilleure façon de gouverner et que cela commence par l'inclusion des personnes et certainement pas par leur exclusion. »

LL: « Haïti a besoin d'une gestion efficace. Haïti a aussi besoin de l'apport de la technologie dans la lutte contre la pauvreté et l'amélioration des perspectives d'avenir de millions de gens. Comment identifier la technologie et l'investissement dont vous avez besoin si vous n'êtes pas à l'écoute des gens, de leur besoin, de ce qu'ils peuvent eux-mêmes offrir ? L'idée, c'est de faire l'expérience… En tant que leader, vous menez un groupe et vous devez en prendre le pouls, connaître son expérience, sa souffrance. Tout est lié à la souffrance. En tant que Premier ministre, je ne saurai jamais ce que vit un handicapé, par exemple, mais je pense qu'il vaut la peine d'essayer de comprendre et de trouver des solutions pour aider les gens. En faisant plusieurs choses. L'une relève de la croissance économique : avoir une société plus juste, une société qui se soucie davantage de son peuple. Une société qui comprend les problèmes de ses citoyens et ne les considère pas comme des demi-hommes ou des inférieurs, comme c'est le cas dans plusieurs pays en développement. Les personnes que la chance a moins favorisé se voient jeter un sort par les autres, comme si cette malchance en soi faisait d'elles des êtres inférieurs. Cela ne devrait jamais se produire

LL: "Digo que hay una mejor manera de dirigir y comienza con la inclusión y no la exclusión de las personas".

LL: "Haití necesita una gestión eficiente así como la tecnología para luchar contra la pobreza y crear un futuro mejor para millones de personas. ¿Cómo sabes qué tipo de tecnología e inversión necesitas sin escuchar a las personas explicar lo que les hace falta y lo que pueden ofrecer? La idea es vivirlo. La idea es que como líder tú eres sólo uno, dirigiendo a un grupo y tienes que saber lo que ellos sienten, viven y sufren. Se trata de conectarse con ese sufrimiento. Y por supuesto, como primer ministro nunca voy a saber, por ejemplo, cómo vive una persona discapacitada. Pero creo que vale la pena tratar de entender y aportar soluciones para asistir y ayudar a la gente. Y para esto hay que hacer mucho. Se necesita crecimiento económico. Hay que tener una sociedad más justa, que se preocupe más por su gente, que entienda los problemas de sus ciudadanos sin considerarlos infrahumanos o seres inferiores, y muchos en los países en desarrollo tienen ese problema. Ven a alguien menos afortunado y lo echan a un lado como si esa persona fuera inferior. En Haití eso no debería suceder y me esforcé cuanto pude para evitarlo, para lo cual, por ejemplo, impulsé el cambio de la cultura interna del gobierno al transformar cómo usamos el presupuesto. El gobierno está para servir al pueblo, no al revés como ha sido muy común en nuestra historia. Para cambiar la cultura de un país primero tienes que cambiar la de tu propia casa".

PH: "¿Por qué quiso ser presidente?"

Above: A family strolls at one of the few remaining "tent camps" northeast of Port-au-Prince near the Morne Cabrit housing development.

Next pages: Women from mountain communities between Furcy and Seguin carry produce to market. Produce farmers from the high mountain regions throughout Haiti travel 24-48 hours on foot and in trucks in order to bring their produce to market twice weekly.

From left: Prime Minister Lamothe tours the newly constructed Place Boyer; The reconstructed Guy Mallory Airport in Port-au-Prince prepares to open for business; The extensively renovated historic Kinam Hotel in Petionville.

PH: "Why did you want to run for President?"

LL: "Haiti deserves good leadership and good governance. I decided to run for President not to be just another president but to make a lasting difference in people's lives. To come up with programs that take into account the vast majority of those who are suffering and not to govern for the select few. I wanted to show to Haitians and to the world that Haiti can indeed be on the path of progress and development, and can be an emerging country by 2030. Which was my goal and objective. I wanted to change the paradigm about Haiti. And show that we are very capable people, capable of succeeding under duress. I wanted the Haitian people to have the hope our country can change for the best. Haiti doesn't need more mischief and lies."

PH: "In the time you were Prime Minister you included your opposition not only in key positions in your government but you counted some opponents among your friends. Again I return to the subject of listening. Why is it important for you to listen to people you may disagree with?"

LL: "The issues and problems of Haiti are so great that one single group cannot pretend to know it all. You have to get input from all

yon moun chanje abitid yon peyi fòk li kòmanse fè chanjman anndan lakay li an premye."

PH: "Pou ki rezon ou te poze kandidati w pou prezidan?"

LL: "Ayiti bezwen bon jan lidè ak bon jan gouvènans. Rezon ki fè mwen te deside poze kandidati m pou prezidan, se pa sèlman pou m te vin yon lòt prezidan; men, se te pou m te fè gwo chanjman nan lavi pèp la, chanjman ki dirab. Mwen te vle devlope pwogram ki nan enterè majorite moun k ap soufri yo olye pou m gouvène nan enterè yon ti gwoup. Mwen te vle montre Ayisyen ak lemonn antye ki jan Ayiti ka pran wout pwogrè ak devlopman tout bon pou li ka vin yon peyi k ap devlope kòm sa dwa anvan 2030. Se sa ki te entansyon m ak objektif mwen. Mwen te vle chanje modèl yo ann Ayiti. Mwen te vle montre nou se yon pèp ki gen anpil kouraj, ki ka reyisi malgre anpil obstak. Mwen te vle pèp Ayisyen gen espwa ke peyi nou an ka chanje pou l vin pi bon. Ayiti pa bezwen plis magouy ak manti."

PH: "Pandan w te Premye Minis, non sèlman ou te dakò pou lopozisyon entegre gouvènman w lan nan sèten pòs kle. Men, ou te konsidere kèk manm opozisyon an kòm zanmi w. Mwen vle retounen sou koze konn koute a… Pou ki sa sa enpòtan pou ou pou w koute kèk moun

en Haïti. J'ai toujours fait ton mon possible pour éviter ceci, par exemple en changeant la culture interne du gouvernement, notamment en ce qui a trait à son fonctionnement et à la manière dont nous dépensons l'argent. Le gouvernement a eu pour objectif de servir le peuple et non l'inverse, comme ce fut trop souvent le cas dans notre histoire. Pour changer la culture d'un pays, vous devez d'abord changer la culture de votre propre maison. »

PH: « Pourquoi vouliez-vous briguer la présidence ? »

LL: « Haïti mérite un bon leadership et une bonne gouvernance. J'ai décidé de briguer la présidence pour ne pas être juste un autre président, mais pour faire une différence durable dans la vie des gens. Pour arriver à des programmes qui tiennent compte de la grande majorité de ceux qui souffrent et non pas gouverner pour l'élite. Je voulais montrer aux Haïtiens et au monde qu'Haïti peut se mettre sur la voie du progrès et du développement, et peut accéder au statut de nation émergente à l'horizon 2030. C'était mon but et mon objectif. Je voulais changer le paradigme haïtien. Et montrer que nous sommes des gens très compétents, capables de réussir sous la contrainte. Je voulais que le peuple haïtien ait l'espoir que notre pays peut changer pour le mieux. Haïti n'a pas besoin de plus de mal ni de mensonge. »

LL: "Haití merece un buen liderazgo y un buen gobierno. Decidí postularme a la presidencia no para ser un presidente más, sino para cambiar la vida de la gente de forma duradera, para implementar programas que tengan en cuenta a la gran mayoría de los que sufren y no gobernar para unos pocos elegidos. Quería mostrar a los haitianos y al mundo que Haití puede tomar la senda del progreso, desarrollarse y convertirse en país emergente en el 2030. Esa era mi meta. Quería cambiar el paradigma sobre Haití y demostrar que somos gente muy capaz que podemos tener éxito en medio de la adversidad. Quería que el pueblo haitiano tuviera la esperanza de que podemos transformar el país positivamente. Haití no necesita más trastadas y mentiras".

PH: "Durante su período de primer ministro incluyó a la oposición en puestos claves y hasta consideraba a algunos como amigos. Una vez más vuelvo al tema de escuchar. ¿Por qué cree importante escuchar a quienes están en desacuerdo con usted? "

LL: "Los problemas de Haití son tan grandes que ningún grupo político puede pretender saberlo todo. Todo el espectro político tiene que aportar ideas para tener un desarrollo duradero y sostenible. Pertenezca a la oposición o al partido gobernante, usted es un

sides of the political spectrum in order to have lasting development, sustainable development. Whether you are from the opposition or from ruling parties, you are a Haitian and you want to see your country prosper. Therefore we included people that were independents, that were from opposition parties. Some people, we didn't even know them personally as friends, but we knew of their capacities to manage. They were included because we believe in performance and results. Results based management. And that's why the government made a difference in the thirty-one months that we were there. That's why we were the longest lasting government in the modern history of the country."

PH: "In the past, governance in Haiti has been marred by underhanded if not criminal tactics where political parties and private interests pay thugs and gangs to pressure voters to agree with them. Do you believe the thirty-one months of your government contributed to a new confidence people have to stand up and ask for what they want instead of being pressured to accept whatever leaders want to give them?"

LL: "Well, eighteen percent of the people said they would not want to vote in these upcoming elections. However the thirty-one

ou ka pa dakò ak yo?"

LL: "Konfli ak pwoblèm ann Ayiti tèlman pwofon, pa ta fouti gen yon sèl gwoup moun ki ka pretann ke se yo sèl ki gen tout solisyon yo. Kidonk, nou dwe pran opinyon tout sektè ki mele nan politik la pou n ka planifye devlopman dirab, devlopman k ap bay rannman ki dirab. Kit ou soti nan lopozisyon, kit ou soti nan ekip ki sou pouvwa a, ou se Ayisyen e ou ta renmen wè peyi w avanse. Se poutèt sa, nou te entegre moun ki endepandan ansanm ak moun ki nan opozisyon. Manm gouvènman sa yo se pa moun ke nou te menm konnen pèsonèlman. Men, nou te gen enfòmasyon sou kapasite ke yo genyen pou yo jere. Yo te entegre gouvènman an paske nou kwè nan pèfòmans ak rezilta. Rezilta ki baze sou jesyon. Se sa ki fè gouvènman nou an te rive fè tout chanjman sa yo pandan trant e en mwa nou te sou pouvwa a. Se sa ki fè se gouvènman pa nou an ki dire plis pase tout gouvènman nan listwa modèn peyi a."

PH: "Anvan sa, politik ann Ayiti te chaje ak zak malonèt, abitid kriminèl menm, kote pati politik yo ansanm ak enterè prive yo te konn peye bandi ak gang pou yo mete presyon sou moun k ap vote. Èske w panse travay gouvènman w lan fè nan trant e en mwa ka ede nasyon an fè sistèm politik la konfyans, kote pèp la p ap pè leve

PH: « Quand vous étiez Premier ministre, vous avez nommé des membres de l'opposition à des postes clé au sein de votre gouvernement et vous comptiez également certains opposants parmi vos amis. Encore une fois, je reviens à la question de l'écoute. Pourquoi est-il si important pour vous d'écouter les gens avec qui vous n'êtes pas d'accord ? »

LL: « Les questions et les problèmes d'Haïti sont si importants qu'un seul groupe ne peut prétendre tout savoir. Vous devez obtenir de l'aide de tous les côtés de l'échiquier politique pour espérer atteindre un développement durable. Que vous soyez dans l'opposition ou au pouvoir, vous demeurez un Haïtien et vous souhaitez voir votre pays prospérer. Par conséquent, nous avons inclus les indépendants issus des partis d'opposition. Des personnes que nous ne connaissions même pas personnellement, en tant qu'amis, mais dont nous connaissions les compétences en gestion. Ils ont été inclus parce que nous croyons dans la performance et les résultats, les résultats basés sur la gestion. Voilà pourquoi le gouvernement a su faire une différence lors des trente-et-un mois de notre passage. Voilà pourquoi ce gouvernement a duré plus longtemps que tout autre dans l'histoire moderne du pays. »

PH: « Dans le passé, la gouvernance en Haïti a été entachée par des tactiques sournoises, sinon

haitiano y quiere que su país prospere. Por eso incluimos a independientes y a miembros de partidos de la oposición. A algunos ni siquiera los conocíamos personalmente pero sabíamos de su capacidad administrativa. Fueron incluidos porque creemos en rendimiento y resultados. Una administración basada en resultados. Y por eso nuestro gobierno logró cambios notables en los 31 meses que estuvimos allí. Por eso ha sido el gobierno de mayor duración en la historia moderna del país".

PH: "En el pasado, el gobierno del país se ha visto empañado por tácticas solapadas, si no criminales, con partidos políticos e intereses privados que contrataban delincuentes y pandillas para presionar a los votantes. ¿Cree que los 31 meses de su gobierno contribuyeron a crear esa seguridad que ahora muestra la gente para exigir lo que quiere en vez de ser presionada a aceptar lo que los líderes le den?"

LL: "Bueno, el 18 por ciento de la población dijo que no quería votar en las próximas elecciones. Sin embargo los 31 meses mostraron cómo podrían ser las cosas. Permitieron vislumbrar lo que Haití podría llegar a ser. Por supuesto, 31 meses para invertir y desarrollar un país totalmente destruido por el terremoto, debilitado, con miles de millones de dólares

Above left: Seaside renovations of downtown Port-au-Prince include many government buildings, theaters, museums, and parks.

Right: Members of the Haitian National Police marching band prepare to perform at the International Olympic Training Center north of Port-au-Prince.

Next Page: A happy recipient of Ede Pep supplies in Furcy

It doesn't take a genius to change our country, it takes political will.

months showed how things could be. It was a little glimpse into what Haiti could become. Of course thirty-one months for investing and developing a country that was so destroyed by the earthquake, that was on its knees, that had billions of dollars in destruction… thirty one months is just a drop in the bucket in terms of timing for development. However it showed that with good will, with persistence, and with perseverance, Haiti can get better. It doesn't take a genius to change our country it takes political will. It doesn't take an expert it takes determination."

kanpe pou l revandike pou sa l vle pase pou l asepte nenpòt sa dirijan yo vle bay?"

LL: "Bon, diz uit pousan pèp la di yo pa enterese vote nan eleksyon ki gen pou fèt yo. Poutan, pandan trant e en mwa nou yo, nou te montre kòman bagay yo te ka ye. Se te kanmèm yon ti apèsi sou ki sa Ayiti te ka tounen. O wi, nou pase trant e en mwa n ap envesti nan devlopman yon peyi ki te kraze nan goudougoudou, yon peyi ki te a jenou. Peyi a pèdi byen ki evalye a plizyè milya dola … Trant e en mwa sa yo se te sèlman yon gout dlo nan yon bokit lè n ap kalkile kalandriye pou devlopman yon peyi nan eta sa a. Sepandan, sa te demontre aklè ki jan bon jan volonte, kontinyite epi pèseverans ka fè Ayiti miyò. Nou pa bezwen anpil lespri pou n chanje peyi nou. Sa nou bezwen se volonte politik. Nou pa bezwen espè. Sa nou bezwen se detèminasyon."

criminelles, alors que les partis politiques et les intérêts privés payaient des voyous et des gangs pour forcer les électeurs à se rallier à eux. Croyez-vous que les trente-et-un mois de votre gouvernement ont contribué à établir une nouvelle confiance chez les gens qui peuvent se lever et demander ce qu'ils veulent, au lieu d'être contraints à accepter tout ce que les dirigeants veulent bien leur donner ? »

LL: « Eh bien, dix-huit pour cent des gens ont signifié leur intention de ne pas voter aux prochaines élections. Toutefois, ces trente-et-un mois ont montré comment les choses pourraient être. Ils ont donné en quelque sorte un aperçu de ce que pourrait devenir Haïti. Bien sûr, trente-et-un mois pour investir et développer un pays dévasté par un tremblement de terre, à genoux, accablé par des milliards de dollars de pertes suite à la destruction, trente-et-un mois ne couvrent qu'une petite partie de l'agenda de développement. Mais cette période a montré qu'avec de la bonne volonté, de la constance et de la persévérance, Haïti peut s'améliorer. Il ne faut pas être un génie pour changer notre pays, il faut une volonté politique. Il ne faut pas être un expert, il faut de la détermination. »

en bienes destruidos... 31 meses son sólo un segundo en términos del tiempo que requiere el desarrollo. Sin embargo, mostraron que con buena voluntad, persistencia y perseverancia, Haití puede mejorar. No hace falta un genio para cambiar nuestro país, sino voluntad política. No hace falta un experto, se necesita determinación".

Left: Worker constructs walls for the new Department of Interior headquarters in Port-au-Prince.

Above: Prime Minister Lamothe and U.N. Secretary General Ban Ki Moon look on as young athletes train at the Olympic Training Center.

02

—

LEARN

WHAT LISTENING BUILT:
AN ILLUSTRATED JOURNEY THROUGH HAITI

PWOJÈ SA YO KI FÈT NAN KONN KOUTE
ALBÒM FOTO YON VWAYAJ ANN AYITI

CE QUE L'ÉCOUTE A PERMIS DE CONSTRUIRE
UN VOYAGE EN IMAGES À TRAVERS HAÏTI

LO QUE CONSTRUYE "EL ESCUCHAR"
UN VIAJE ILUSTRADO POR HAITÍ

Previous pages: Students at a PSUGO-supported school in Jeremie prepare for their year-end exams.

Left: PSUGO student and teacher study grammar at a PSUGO-supported school in Jeremie.

THE SCHOOL IS A CENTER FOR A BETTER TOMORROW

PH: "During your administration more than three hundred schools were rehabilitated, almost fifty new schools constructed, and annually around one and a half million students received free schooling through the PSUGO program. What is the importance of a school?"

LL: "In the past in Haiti almost everyone had to pay for their own schooling. Not just school fees, but books, uniforms, food. If you were poor it was very difficult to attend school. We knew with more than three million children under the age of fifteen—Haiti is 10.4 million people, of whom thirty-five per cent are children under the age of fifteen—If we didn't find a way to provide education we could never hope to break out of our poverty. In some ways the education system has added to the poverty in the short term because a family is so committed to putting a child through school they will spend all their money to do it even if it means going hungry. No government should allow such suffering for hope of a better life. So we began a school building and scholarship effort across the country."

"A school is a ticket out of despair, out of poverty, out of the sentiment of life being shattered. A school is a ticket to progress, to opportunities, to a better tomorrow. The school is a center for a better tomorrow."

LEKÒL SE FONDASYON POU YON DEMEN MIYÒ

PH: "Pandan administrasyon w lan, gouvènman an rive repare plis pase twa san lekòl, gouvènman an bati prèske senkant nouvo lekòl, epi chak ane anviwon yon milyon senk san mil elèv t ap resevwa edikasyon gratis nan pwogram PSUGO a. Ki enpòtans yon lekòl?"

LL: "Nan tan lontan ann Ayiti, tout moun te dwe peye pou pitit yo al lekòl. Se pa sèlman depans pou peye lekòl. Men, fòk paran te peye pou liv, pou inifòm, pou manje. Si yon paran pa t gen mwayen, sa te difisil pou l voye pitit li lekòl. Nou konnen Ayiti gen plis pase twa milyon timoun ki gen mwens pase kenz an. Ayiti gen di milyon kat san mil moun. Epi trann senk pousan ladan yo se timoun ki gen mwens pase kenz an. Si nou pa t jwenn yon fason pou n ofri lekòl gratis, nou pa t ap janm ka espere soti nan lamizè. Sa gen lontan depi sistèm edikasyon an ap ogmante mizè paran. Rezon an se paske paran yo tèlman gen detèminasyon pou mete pitit yo lekòl, yo oblije depanse tout lajan yo pou yo voye pitit yo lekòl menm si sa lakòz yo ret grangou. Okenn gouvènman pa ta dwe kite pèp la soufri kon sa nan lespwa yon demen miyò. Se sa ki fè nou te fè jefò pou nou kòmanse yon pwogram pou nou rebati lekòl epi ofri lekòl gratis tou patou nan peyi a."

"Lekòl se yon tikè pou w soti nan dezespwa, soti nan lamizè, retire nan lespri w santiman ke lavi w fini. Lekòl se yon tikè pou w fè pwogrè, jwenn lòt opòtinite, pou yon demen miyò. Lekòl se baz pou yon demen miyò."

L'ÉCOLE EST UN CENTRE POUR UN AVENIR MEILLEUR

PH: « Au cours de votre administration plus de trois cents écoles ont été réhabilitées, près de cinquante nouvelles écoles ont été construites, et chaque année environ un million et demi d'écoliers ont reçu une scolarité gratuite à travers le programme PSUGO. Quelle est l'importance d'une école ? »

LL: « Autrefois, en Haïti, presque tout le monde devait payer pour sa propre scolarité. Non seulement les frais de scolarité, mais les livres, les uniformes, la nourriture. Si vous étiez pauvre, c'était très difficile pour vous d'aller à l'école. Nous savions qu'avec plus de trois millions d'enfants de moins de quinze ans – Haïti compte 10.4 millions de personnes, dont trente-cinq pour cent sont des enfants de moins de quinze ans –, à défaut de trouver un moyen de leur fournir l'éducation, nous ne pourrions jamais espérer sortir de notre pauvreté. À certains égards, le système éducatif a aggravé la pauvreté à court terme, car une famille est si déterminée à envoyer ses enfants à l'école qu'elle va dépenser tout son argent à cette fin, quitte même à se priver de nourriture. Aucun gouvernement ne devrait permettre de telles souffrances pour l'espoir d'une vie meilleure. Nous avons donc entamé un effort de construction d'écoles et de gratuité scolaire à travers tout le pays. »

« L'école fournit une issue hors du désespoir, de la pauvreté, du sentiment d'une vie brisée. Une école ouvre une porte vers le progrès, vers des possibilités, vers un avenir meilleur. L'école est un centre pour un avenir meilleur. »

LA ESCUELA ES UN CENTRO PARA UN FUTURO MEJOR

PH: "Durante su administración se rehabilitaron más de 300 escuelas, se construyeron unas 50 escuelas nuevas y alrededor de un millón y medio de estudiantes recibió educación gratuita cada año a través del programa PSUGO. ¿Por qué una escuela es importante?"

LL: "Antes en Haití casi todo el mundo tenía que pagarse su educación. No sólo la matrícula sino libros, uniformes, comida. Si eras pobre era muy difícil asistir a la escuela. Haití tiene una población de 10,4 millones de habitantes, de los cuales tres millones, el 35 por ciento, son niños menores de 14 años; de modo que sabíamos que si no lográbamos educarlos no teníamos esperanza de salir de nuestra pobreza. En cierto modo el sistema educativo ha contribuido a la pobreza a corto plazo, porque una familia puede estar tan decidida a mandar a un niño a la escuela que gasta todo su dinero para hacerlo, aunque tenga que pasar hambre. Ningún gobierno debería permitir semejante sufrimiento para apostarle a una vida mejor, por tanto, comenzamos un trabajo de construcción de escuelas y repartición de becas de estudio en todo el país".

"Una escuela es como un pasaje para salir de la desesperación, de la pobreza, de la sensación de una vida destrozada. Una escuela es un pasaje hacia el progreso, las oportunidades, un futuro mejor. La escuela es un centro para un futuro mejor".

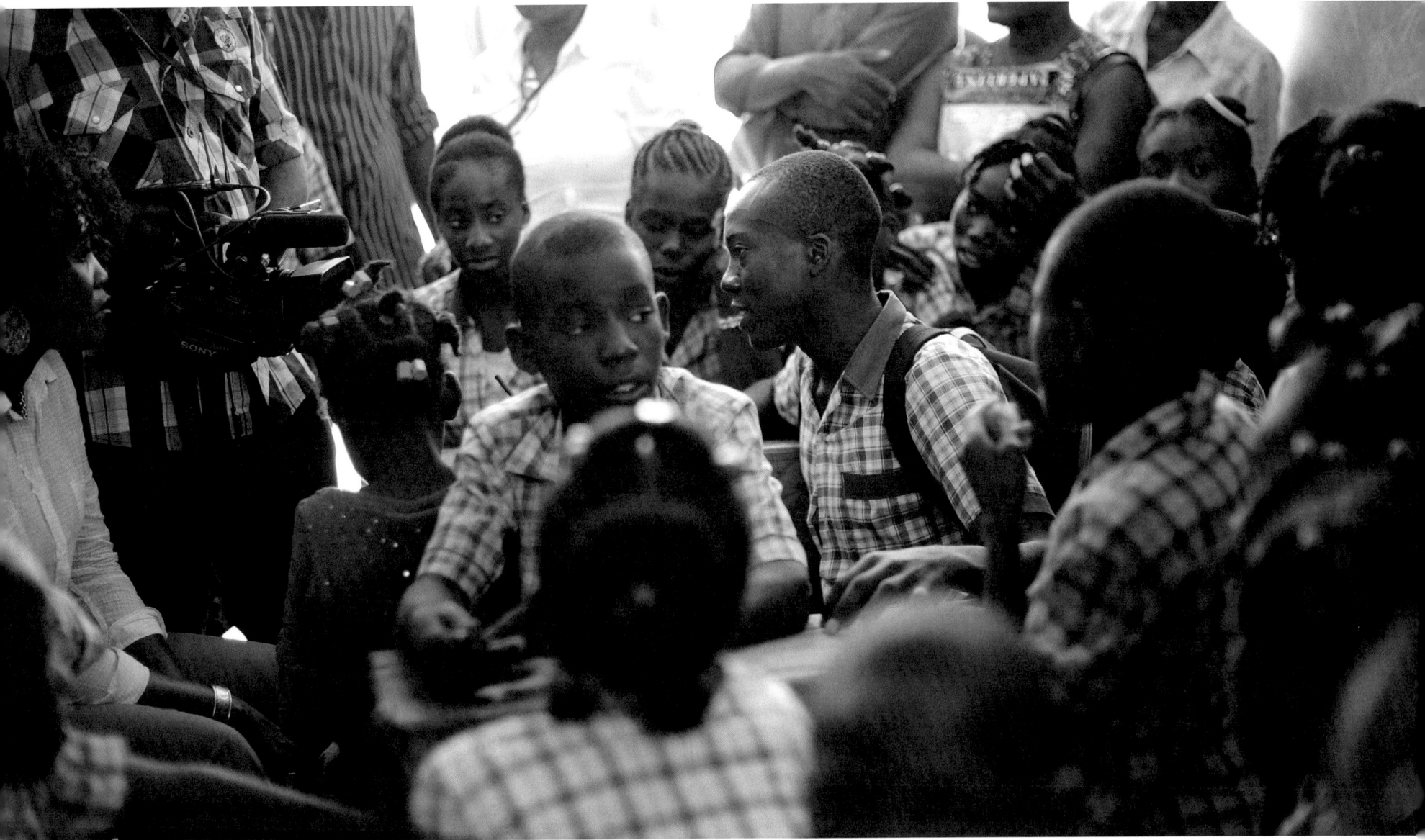

Above: PSUGO students at school in Carrefour speak to reporters about life before and after PSUGO support.

A school is a ticket out of despair, out of poverty, out of the sentiment of life being shattered.

Above: PSUGO student at school in Carrefour.
Next page PSUGO students at school in Jeremie.

Following pages: Newly widened and paved National Highway 3 near Mirebalais.

03

—

MOVE

THE ROAD IS A SYMBOL

PH: "In thirty-one months nearly a thousand kilometers of roads and highways were rehabilitated and constructed, including thirteen principal bridges and interchanges; six major ports rehabilitated, four received brand new wharfs; four airports rehabilitated and one new international airport begun; and dozens of flood protection projects completed in almost every department. What is the importance of a road?"

LL: "Without a decent road everything stands still. The road is a means of commerce and also communication. With a good road we travel and meet one another and learn what our country has to offer. It is a way for people to live a better life, where they can send their goods to markets safely and earn something out of it. With the road we also have the port. Which is very important for importing and exporting. The port and the road are brother and sister. Just as the airport is part of this family. With a good road, a good port, and a good airport the country becomes strong."

"The road is a sign of progress. Because building a road takes political will. It takes good organization. It takes collaboration with the different donor countries, because a lot of these roads were financed by different countries. And it takes a vision. The combination of these four things—political will, good organization, the ability to collaborate, and vision—makes the country go forward. Because of this the road is a symbol. It symbolizes modernity. It means progress."

YON WOUT SE YON SENBÒL

PH: "Nan trant e en mwa, ou te rive repare epi bati prèske mil kilomèt wout ak otowout. Pami yo, trèz pon ak vyadik. Gouvènman an repare sis gwo pò, nou bati waf tou nèf nan kat nan pò sa yo. Gouvènman an te repare kat ayewopò. Konstriksyon yon nouvo ayewopò entènasyonal te kòmanse. Epi plizyè douzèn pwojè pou pwoteksyon kont inondasyon te fin fèt nan prèske tout depatman. Ki enpòtans yon wout ?"

LL: "Si pa gen bon jan wout, tout aktivite kanpe. Wout se mwayen pou fasilite komès epi kominikasyon. Ak bon jan wout, nou ka vwayaje epi youn ka rankontre lòt pou n aprann ki sa peyi nou an gen pou l ofri. Se yon fason pou pèp la viv yon lavi miyò, kote yo ka voye machandiz yo nan mache an sekirite epi yo ka benefisye yon diplis mete sou sa. Mete sou wout yo, nou gen pò maritim yo tou ki vrèman enpòtan pou enpòtasyon ak espòtasyon. Pò ak wout se frè ak sè, epi ayewopò se manm fanmi an tou. Ak bon jan wout, bon jan pò epi bon jan ayewopò, peyi a ap djanm."

"Wout se siy pwogrè paske bati wout sa mande volonte politik, sa mande bon jan òganizasyon, sa mande kolaborasyon. Fòk gen bon jan kolaborasyon avèk diferan peyi ki ban nou kòb yo, paske anpil nan wout sa yo, se lòt peyi ki finanse yo. E sa mande vizyon. Konbinezon kat eleman sa yo—volonte politik, bon òganizasyon, kapasite pou kolabore epi bon jan vizyon—se sa ki pou pèmèt peyi a vanse pou pi devan. Ki fè, yon wout se yon senbòl. Se yon senbòl modènite. E sa vle di pwogrè."

LA ROUTE EST UN SYMBOLE

PH: « En trente-et-un mois, près d'un millier de kilomètres de routes et autoroutes ont été réhabilités et construits, y compris treize ponts et échangeurs principaux. On a également réhabilité six grands ports, dont quatre ont reçu de nouveaux quais, ainsi que quatre aéroports, et entamé la construction d'un nouvel aéroport international. Des dizaines de projets de protection contre les inondations ont pu être achevés dans la plupart des départements. Quelle importance une route revêt-elle ?

LL: « Sans une route décente, rien ne bouge. La route sert à la fois de voie de commerce et de communication. Avec une bonne route, nous pouvons voyager, nous rencontrer les uns les autres et apprendre ce que notre pays a à offrir. C'est une façon pour les gens de vivre une vie meilleure, d'acheminer leurs marchandises vers les marchés en toute sécurité et d'y gagner quelque chose en retour. Avec la route, il y a aussi le port dont l'importance est capitale pour l'importation et l'exportation. Le port et la route sont frère et sœur, et l'aéroport fait tout autant partie de cette famille. Avec une bonne route, un bon port et un bon aéroport, le pays tout entier s'en trouve renforcé. »

« La route est un signe de progrès. Parce que la construction d'une route requiert de la volonté politique, une bonne organisation, de la collaboration avec les différents pays donateurs, car beaucoup de ces routes ont été financées par différents pays. Il faut également une vision. La combinaison de ces quatre éléments – volonté politique, bonne organisation, capacité de collaborer et vision – permet au pays d'aller de l'avant.»

LA CARRETERA ES UN SÍMBOLO

PH: "En 31 meses fueron rehabilitados o construidos casi mil kilómetros de carreteras y autopistas, incluidos 13 puentes y cruces principales. Además, seis grandes puertos fueron reparados y a cuatro de ellos se les construyó muelles nuevos, se restauraron cuatro aeropuertos y se comenzó la construcción de un aeropuerto internacional, se concluyeron docenas de obras de protección contra inundaciones en casi todos los departamentos. ¿Por qué es importante una carretera?"

LL: "Sin una carretera decente todo se paraliza. La carretera es el medio de comunicación y comercio. Con una carretera buena viajamos, nos conocemos y nos enteramos de lo que nuestro país puede ofrecer. La gente vive mejor cuando puede enviar sus productos al mercado con seguridad y ganarse su dinero. Con la carretera también tenemos el puerto, que es crucial para la importación y exportación. El puerto y la carretera son hermanos y el aeropuerto es también parte de la familia. Con una buena carretera, un buen puerto y un buen aeropuerto el país se fortalece".

"La carretera es una señal de progreso porque construirla requiere voluntad política. Se necesita buena organización. Se necesita colaboración con los diferentes países que han donado porque muchas de estas carreteras fueron financiadas por varias naciones. Y se necesita una visión. La combinación de estas cuatro cosas – voluntad política, buena organización, capacidad de colaborar y visión – impulsa al país hacia delante. Es por eso que la carretera es un símbolo. Simboliza modernidad, significa progreso.

Previous pages: Students cross the bridge in Camp Coq.

Above: New pavement in Gonaives.

Next page. Clockwise from top left: 1. New portion of National Highway 7 prior to pavement near Camp Perrin. 2. Newly constructed highway near Petite Rivière de Nippes. 3. Newly graded road in Laboule. 4. Newly paved street in Gonaives.

The road is a sign of progress. Because building a road takes political will. It takes good organization. It takes collaboration … And it takes a vision.

Above: Newly paved and marked street in Port-au-Prince. Not only were streets paved throughout the capital (many for the first time ever), signage and signals were put in place (in most places for the first time ever). Literally overnight Port-au-Prince went from traffic with almost no marked rules to organized lanes with traffic police as guides.

Above: Newly constructed portion of National Highway 1 with newly installed power lines south of Gonaives. This was the first time in a generation Highway 1 had an uninterrupted portion of paved road between St. Marc and Gonaives, one of Haiti's most important highways. This was also the first time in a generation power lines were installed in the region.

THE ROAD TO JEREMIE:
—
NATIONAL ROAD 7

Jeremie is the capital of Grand Anse Department and Haiti's most prosperous city in the far west. Called "The City of Poets" for its rich literary history and its lush jungle environment, Jeremie is mostly unknown to the rest of Haiti, mainly due to its distance from the capital and the lack of a proper road.

In 2008 National Route 7, the road to Jeremie, was a rocky path, in some places barely the width of a pickup truck. The drive from Les Cayes to Jeremie, less than 90 kilometers, could take five hours in dry weather. In the rain it could be impossible. In little more than a year of construction in 2013 the most treacherous portion of the road, the high mountain switchbacks north of Camp Perrin, have been transformed into a large highway. The road itself is a marvel of engineering.

On the road we meet Jean Chery in Beaumont where the highway is still being constructed. He talks about the increased traffic and the benefit to his family's roadside business. He talks about his weekly travels on the road. He explains how safe travel along the road has become with the new construction, and how the road has increased commerce.

04

TASTE

Previous pages: Cacao farmer inspects drying beans in Dame Marie.

Above: Newly constructed "switchbacks" portion of National Highway 7 north of Camp Perrin.

A lot of cars keep coming and going [because of the new road]...That is a development. Because a lot of [foreigners] would like to know the coffee and to come and get it.

Philip: "Do you have to travel to buy food or to shop? Do you have to take a bus?"

Jean: "I just take a motorcycle. This is my motorcycle."

Philip: "Where do you go? Which city is closer?"

Jean: "I can say I am in the center. Jeremie and Les Cayes are the same distance. [I prefer] Les Cayes... In Les Cayes things are much easier. But in Jeremie they are more expensive..."

Philip: "Does the rest of your family have to travel often?"

Jean: "Yes, yes... Every Tuesday and every Friday."

Philip: "When I was on this road in 2008 the road from Camp Perrin to here was very difficult."

Jean: "It was very difficult. They used to have a lot of accidents too. A lot of people died. So now you can see there is an improvement... We like that. Because there is a great improvement and there is no accident and no people dying. We like that."

Philip: "Has the traffic increased with the new road being built? Are there more trucks?"

Jean: "Oh yes, a lot of taxis... now they take this road... traffic is bigger now."

Philip: "Are there new businesses being started to benefit from the people traveling?"

Jean: "Yes there is a big improvement because people were stopped from getting the products like plantain and coffee. So right now people can just come and deliver the products much easier.... Before the road there was death. There were many deadly accidents. But now we travel in safety. The road to us is life."

Further along National route 7 we come to an area where crews are cutting away part of a man's property to widen the road. We meet the owner, Lilhome Jean-Pierre, who tells us the loss of his property will be worth it. He takes us on a walk through his coffee fields in a lush mountain ravine. He takes us to beehives in a cave and shows us the natural splendor that was, until recently, mostly disconnected from the rest of Haiti. The road will carry more than just people, Lilhome says the road will carry coffee, cocoa, spices, and baked goods; so many treasures from the lush western arm of southern Haiti. He says the road has made Haiti one nation.

Philip: There is a lot of roadwork going on today. We have passed a lot of people grading the road. Have they told you how far the roadwork is going to come into your property? Or will it go over into the hillside?"

Lilhome: "Yeah. They already measure it. They are going to cut something in this property... It might not be good for me [right now]. But the guarantee I can have is I am going to have a good road... It wasn't good at all [before]."

Philip: "Do you have any plans for when the road is complete, when they pave the entire road?"

Lilhome explains he is a coffee farmer. He will ship his coffee. He tells about the many problems they face growing coffee in a remote region because they can't afford to reach good buyers.

Philip: "Who planted the coffee here first?"

Lilhome: "This place was for my grandfather... He was a great peasant who was planting coffee here. Now I bought this place and I plant coffee in it."

Philip: "Who do you sell your coffee to?"

Lilhome: "I used to sell my coffee to people who just come to buy and then going to sell it to another country. But I prefer to sell it to foreign buyers myself... The coffee is very important for Haiti because we use it just to take care of our children... A lot of cars keep coming and going [because of the new road]...That is a development. Because a lot of [foreigners] would like to know the coffee and to come and get it."

Lilhome says before the road was built parts of Haiti were disconnected. Not only could they not send their products to one another, parts of the country were strangers to one another. But because of the road the entire country will now get to know one another.

Lilhome: "The road has unified the country."

WOUT KI MENNEN JEREMI: WOUT NASYONAL NIMEWO 7

"Jeremi se kapital Depatman Grandans Ian e se vil ki pi lwen e ki pi rich nan pwent sidwès ann Ayiti. Yo rele l "Site Powèt yo" pou jan li gen yon istwa ki rich nan domèn literè epi li gen anpil bèl forè. Jeremi se yon mistè pou pifò moun ki lòt kote ann Ayiti, sitou akoz distans li pa rapò ak kapital la epi pa gen bon jan wout."

"Nan lane 2008, Wout Nasyonal Nimewo 7 la, wout Jeremi an, se te yon wout wòch. Nan kèk kote, wout la pa te pi laj pase yon ti kamyonèt. Pou w te kondui soti Okay rive Jeremi ki mwens pase 90 kilomèt wout, ou te ka pran senk è d tan pandan period sechrès. Men, lè lapli tonbe, sa te ka menm enposib. Nan lane 2013, nan yon ti bout tan ki te dire yon ti kras plis pase yon lane, yo ranje pati ki te gen plis danje nan wout la. Gwo mòn ki pase sou tèt Kanperen an te vin tounen yon gwo boulva. Wout sa a se yon bèl mèvèy kòm rezilta travay enjenyè."

"Sou wout ki ale Jeremi, nou rankontre Jean Cherie nan zòn Bomon kote wout la toujou an konstriksyon. Li pale sou trafik machin ki ogmante epi jan fanmi l pwofite de kòmès bò lari a. Li pale sou vwayaj li fè sou wout la chak semenn. Li esplike jan nouvo wout la fè deplasman vwayajè vin pi an sekirite epi jan wout la fè aktivite kòmès la vin ogmante."

Philip: "Èske ou dwe vwayaje pou w al achte manje oswa pou w al nan mache? Èske ou dwe pran bis ?"

Jean: "Mwen jis pran moto. Moto sa a se pou mwen."

Philip: "Ki kote w konn ale ? Ki vil ki pi prè w ?"

Jean: "Mwen ka di mwen rete nan mitan: Jeremi ak Okay, se menm distans lan pou mwen. [Mwen pito] Okay. Bagay yo pi fasil la. Lavi a pi chè Jeremi."

Philip: "Èske rès fanmi w vwayaje souvan ?"

Jean: "Wi, wi... chak madi epi chak vandredi."

Philip: "Lè mwen te sou wout sa a nan lane 2008, soti depi Kanperen pou m rive la a, sa te vrèman difisil."

Jean: "Wi, sa te vrèman difisil. Te konn gen anpil aksidan, anpil moun mouri. Kounye a, ou ka wè gen amelyorasyon... Nou renmen sa, paske gen gran amelyorasyon. Pa gen aksidan e moun pa mouri. Nou kontan sa."

Philip: "Èske gen nouvo biznis ki gentan ap ouvè pou fè komès avèk moun k ap vwayaje yo?"

Jean: "Wi, gen yon gwo amelyorasyon paske, anvan sa, moun yo pa te gen wout pou yo jwenn machandiz tankou bannann ak kafe. Kounye a, moun yo ka pote machandiz yo pi fasil. Anvan wout la, te konn gen lanmò, te konn gen anpil aksidan moun mouri. Men, kounye a, nou vwayaje an sekirite. Pou nou, wout sa a se lavi."

"Pi devan sou Wout Nasyonal Nimewo 7 la, nou rive nan yon zòn kote yon ekip travayè ap koupe mòso nan tè yon moun pou elaji wout la. Nou rankontre mèt tè a, Lilhome Jean-Pierre, ki di nou mòso sa a li pèdi nan tè l la pral sèvi pou yon bon kòz. Li mennen nou fè yon ti mache nan jaden kafe l yo ki chita nan ravin yon mòn ki kouvri ak plant. Li mennen nou kote abèy li yo ye a, nan yon gwòt. Epi li montre nou bèl mèvèy natirèl. Sa pa gen lontan, mèvèy sa yo te prèske dekonekte nèt ak rès peyi a. Lilhome di wout sa a ap pote plis pase moun. L ap pote kafe, kakawo, epis, pwodui boulanjri, anpil bèl richès ki soti nan pati sidwès Ayiti. Wout la fè Ayiti tounen yon nasyon."

Philip: "Gen anpil travay wout k ap fèt jodi a. Nou sot wè anpil moun k ap evalye wout la. Èske yo te di w ki kantite y ap pran nan tè w la pou travay wout la? Èske y ap pran jis rive nan mòn lan?"

Lilhome: "Wi, yo gen tan mezire. Yo pral koupe yon pati nan tè a... Sa ka pa bon pou mwen [kounye a]. Men, mwen gen garanti mwen pral gen yon bon wout... [Anvan sa,] wout la pa t bon ditou."

Philip: "Ki pwojè ou genyen pou lè wout la fini, lè yo fin asfalte tout wout la?"

Lilhome esplike li se yon kiltivatè kafe. Li pral voye kafe l yo sou bato. Li di nou tout pwoblèm yo konn jwenn nan plante kafe nan yon lokalite ki lwen kon sa paske yo pa ka rive jwenn bon kliyan.

Philip: "Kiyès ki te premye plante kafe isit la ?"

Lilhome: "La a, se te pou granpapa m... Se te yon gwo peyizan ki te konn plante kafe la a. Kounye a, mwen achte tè a epi mwen plante kafe ladan l."

Philip: "Ki moun ki achte rekòt kafe w yo ?"

Lilhome: "Mwen te konn vann ak moun ki vin achte pou al revann nan lòt peyi. Men, mwen menm, mwen pito vann ak kliyan etranje... kafe a vrèman enpòtan pou Ayiti paske nou sèvi ak li pou nou pran swen pitit nou yo... Anpil machin toujou kontinye ap fè ale vini [akoz nouvo wout la]... Sa se devlopman, paske anpil [etranje] enterese nan kafe a e yo ta renmen vin pran l."

Lilhome di kon sa, anvan konstriksyon wout la, plizyè kote ann Ayiti te dekonekte. Non sèlman yo pa t ka voye machandiz youn bay lòt, te gen kote nan peyi a ki te etranje youn pou lòt. Kounye a, akoz wout sa a, se nan tout peyi a youn ap ka dekouvri lòt.

Lilhome: "Wout la fè peyi a fè yon sèl."

Above: Pure Haitian chocolate with spices for traditional Haitian hot chocolate in Turgeau.

Right: New bridge being constructed in mountain pass on National Highway 7

Above: New solar lamps light the night in downtown Jeremie.

Right: A raw cacao dealer serves fresh Haitian hot chocolate to visitors in Camp Coq.

LA ROUTE DE JÉRÉMIE : LA NATIONALE 7

Jérémie est le chef-lieu du département de la Grand Anse et la ville la plus prospère de l'extrême-ouest haïtien. Surnommée « La cité des poètes » pour sa riche histoire littéraire et la jungle luxuriante qui l'environne, Jérémie demeure largement méconnue du reste de la population haïtienne en raison principalement de son éloignement de la capitale et de l'absence d'une bonne route.

En 2008, la route de Jérémie, la Nationale 7, n'était qu'un étroit chemin rocailleux dont la largeur, par endroits, dépassait à peine celle d'une camionnette. Le trajet des Cayes à Jérémie, de moins de 90 kilomètres, pouvait prendre jusqu'à cinq heures par temps sec. Sous la pluie, il pouvait se révéler impraticable. Il a fallu un peu plus d'un an pour transformer, en 2013, la portion la plus dangereuse de la route – les lacets montagneux au nord de Camp Perrin – en une grande autoroute. Cette autoroute est en soi une merveille d'ingénierie.

Sur le chemin, nous avons rencontré Jean Cherie à Beaumont, là où l'autoroute est encore en cours de construction. Il parle de l'achalandage accru et de l'avantage commercial de la route pour sa famille. Il parle de ses voyages hebdomadaires sur la route. Il explique qu'il est désormais possible de voyager en toute sécurité sur celle-ci avec la nouvelle construction, et l'impact qu'elle a eu sur l'augmentation du commerce.

Philip: « Devez-vous voyager pour acheter de la nourriture ou faire du shopping ? Devez-vous prendre un bus? »

Jean: « Je prends une moto. Ceci est ma moto. »

Philip: « Où allez-vous ? Quelle est la ville la plus proche ? »

Jean: « Je peux dire que je suis au centre. Jérémie et Les Cayes sont à la même distance d'ici. [Je préfère] Les Cayes... Se procurer des choses aux Cayes est beaucoup plus facile. Mais à Jérémie elles sont plus chères... »

Philip: « Est-ce que le reste de votre famille doit souvent voyager ? »

Jean: « Oui, oui... Chaque mardi et chaque vendredi. »

Philip: « Quand je voyageais sur cette route en 2008, la route de Camp Perrin, là où nous sommes maintenant, était très difficile. »

Jean: « Elle était très difficile. Il y avait beaucoup d'accidents. Beaucoup de gens sont morts. Alors maintenant, on peut constater une amélioration .. Nous sommes contents. Parce qu'il y a une grande amélioration, il n'y a pas d'accident ni de décès à déplorer. Nous sommes contents. »

Philip: « Le trafic a-t-il augmenté avec la nouvelle route en construction ? Y a-t-il plus de camions ? »

Jean: « Oh oui, beaucoup de taxis... maintenant ils empruntent cette route... la circulation est plus dense désormais. »

Philip: « De nouvelles entreprises ont-elles commencé à s'installer pour servir les voyageurs ? »

Jean: « Oui, il y a une grande amélioration parce que les gens arrêtent pour se procurer des produits comme la banane plantain et le café. Donc, maintenant, les gens peuvent simplement venir et livrer leurs produits beaucoup plus facilement.... Avant, la route était synonyme de mort. Il y avait de nombreux accidents mortels. Mais maintenant, nous voyageons en toute sécurité. Pour nous, la route symbolise la vie. »

Plus loin, le long du trajet sur la Nationale 7, nous arrivons à une zone où les équipes de construction ont dû amputer une partie de la propriété d'un homme pour élargir la route. Nous rencontrons le propriétaire, Lilhome Jean-Pierre, qui nous raconte que la perte de sa propriété en vaudra la peine. Il nous convie à une promenade à travers ses champs de café, dans un ravin au flanc d'une montagne luxuriante. Il nous emmène voir des ruches, visiter une grotte et nous montre la splendeur naturelle qui se trouvait, jusqu'à tout récemment, inaccessible au reste d'Haïti la plupart du temps. La route ne transportera pas que des gens, dit Lilhome. Elle transportera du café, du cacao, des épices et des produits de boulangerie ; autant de trésors produits par ce bras luxuriant du sud-ouest haïtien. La route a fait d'Haïti une nation.

Philip: « Beaucoup de travaux d'entretien routier se poursuivent aujourd'hui. Nous avons croisé plusieurs travailleurs sur la route. Vous ont-ils dit à quel point ces travaux empiéteront sur votre propriété ? Ou iront-ils jusqu'au pied de la colline ? »

Lilhome: « Oui. Ils prennent déjà les mesures. Ils vont am-

puter une partie de cette propriété... Ce n'est peut-être pas l'idéal pour moi [en ce moment]. Mais je serai assuré d'avoir une bonne route... Elle n'était pas bonne du tout [auparavant]. »

Philip: « Avez-vous des projets après l'achèvement de la route, quand elle sera complètement asphaltée ? »

Lilhome explique qu'il est un producteur de café. Il livrera son café. Il raconte les nombreux problèmes qu'ils rencontrent avec la culture du café dans une région si éloignée, car ils n'ont pas les moyens de le faire parvenir à de bons acheteurs.

Philip: « Qui a été le premier à planter le café ici ? »

Lilhome: « Cet endroit appartenait à mon grand-père. C'était un très bon paysan qui plantait du café ici. Maintenant, j'ai acheté cet endroit et j'y plante du café. »

Philip: « A qui vendez-vous votre café? »

Lilhome: « Je vendais mon café à des gens qui venaient l'acheter ici pour le revendre à l'étranger. Mais je préfère le vendre moi-même à des acheteurs étrangers... Le café est très important pour Haïti car c'est à grâce à lui que nous prenons soin de nos enfants... Un grand nombre de voitures continuent à aller et venir [sur la nouvelle route]... Ça représente un développement. Parce que beaucoup d'[étrangers] s'intéressent au café et aimeraient venir se le procurer. »

Aux dires de Lilhome, les régions d'Haïti vivaient dans l'isolement avant la construction de la route. Non seulement ne pouvaient-elles pas échanger leurs produits, mais certaines d'entre elles ne se connaissaient même pas les unes et les autres. Mais grâce à la route, tout le pays va maintenant apprendre à se connaître. »

Lilhome: « La route a unifié le pays. »

LA CARRETERA A JÉREMIE: RUTA NACIONAL 7

Jérémie es la capital del departamento de Grand Anse y la ciudad más próspera del oeste de Haití. Llamada "La ciudad de los poetas" por su rica historia literaria y su entorno de exuberante selva, Jérémie es casi desconocida para el resto del país principalmente por estar muy distante de la capital y por la falta de una carretera adecuada.

En el año 2008, la Ruta Nacional 7 que lleva a Jérémie era un camino pedregoso que en algunos lugares era apenas del ancho de una camioneta. Ir en coche de Les cayes a Jérémie, menos de 90 kilómetros, podía tomar cinco horas en temporada seca. Podía ser imposible en época de lluvias. En el 2013, luego de poco más de un año de construcción, las partes más peligrosas de la carretera, las curvas de la montaña al norte de Camp Perrin, se transformaron en una gran autopista. La carretera es una maravilla de ingeniería.

En la carretera nos encontramos con Jean Cherie, en Beaumont, donde aún se está en construcción. Nos habló de cómo el aumento de tráfico ha beneficiado el negocio de su familia que está al lado de la carretera. Nos comentó de sus viajes semanales y de cuán segura es la carretera ahora con la construcción y cuánto se ha incrementado el comercio.

Philip: "¿Tiene que viajar para adquirir comida o ir de compras? ¿Tiene que tomar un autobús? "

Jean: "Voy en motocicleta. Esta es mi moto".

Philip: "¿A dónde va? ¿Cuál es la ciudad más cercana?"

Jean: "Puedo decir que estoy en el centro. Jérémie y Les Cayes están a la misma distancia. [Prefiero] Les Cayes porque conseguir cosas allí es mucho más fácil. En Jérémie son más caras... "

Philip: "¿El resto de su familia tiene que viajar a menudo?"

Jean: "Sí, sí. Cada martes y viernes".

Philip: "Cuando pasé por esta carretera en el 2008, el tramo de Camp Perrin hasta aquí era muy difícil".

Jean: "Era muy difícil. Ocurrían muchos accidentes y morían muchas personas. Así que puede ver que ha mejorado y nos gusta, porque hay una gran mejoría, no hay accidentes y no muere gente. Nos gusta".

Philip: "¿Aumentó el tráfico con la construcción de la nueva carretera? ¿Circulan más camiones? "

Jean: "Ah, sí y muchos taxis que ahora toman esta ruta. El tráfico es mayor ahora".

Philip: "¿Se han abierto nuevos negocios para servir a la gente que viaja?"

Jean: "Sí, ha mejorado mucho porque la gente no podía conseguir los productos como plátanos y café. Ahora los traen con mucha facilidad. Antes, la carretera era la muerte. Hubo muchos accidentes fatales. Pero ahora viajamos con seguridad. La carretera es ahora vida para nosotros".

Por la ruta nacional 7 llegamos a un área donde los trabajadores están tomando parte de una propiedad privada para ensanchar la carretera. Conocimos al propietario, Lilhome Jean-Pierre, quien dice que la pérdida de su propiedad valdrá la pena. Nos lleva a recorrer sus campos de café en una exuberante ladera de la montaña y a unas colmenas en una cueva. Nos muestra el esplendor natural que hasta ahora estaba prácticamente desconectado del resto de Haití. La carretera no sólo traerá gente sino café, cacao, especies, panes, dulces y muchos otros tesoros de la opulenta zona suroeste de Haití. La carretera convirtió a Haití en una nación.

Philip: "Hay muchas obras viales en construcción. Hemos pasado a mucha gente trabajando. ¿Le han dicho cuánto de su propiedad va a tomar la carretera? ¿O continuará hacia la ladera?"

Lilhome: "Sí. Ya la midieron. Van a cortar un poco de mi propiedad.

Tal vez no sea bueno para mí [ahora], pero tengo la garantía de que voy a tener una buena carretera. No servía para nada [antes]".

Philip: "¿Tiene planes para cuando la carretera esté terminada, totalmente pavimentada?"

Lilhome explica que él cultiva café. Enviará su café al mercado. Nos cuenta los muchos problemas para cultivar café en esa remota zona porque no pueden costearse el llegar a buenos compradores.

Philip: "¿Quién empezó a plantar café aquí?"

Lilhome: "Este lugar era de mi abuelo. Él fue un gran campesino cultivador de café. Ahora lo he comprado y cultivo el café".

Philip: "¿A quién le vende el café?"

Lilhome: "Yo solía vender mi café a intermediarios que luego lo revendían en otros países. Pero prefiero venderlo yo mismo a compradores extranjeros. El café es muy importante para Haití porque con él criamos a nuestros hijos. Muchos carros transitan [debido a la nueva carretera]. Eso es desarrollo porque muchos extranjeros quieren ver el café y venir a comprarlo".

Lilhome dice que antes de la construcción de la carretera varias regiones de Haití estaban incomunicadas. No sólo no podían intercambiar sus productos sino que se desconocían entre sí. Pero la carretera hará que lleguen a conocerse.

Lilhome: "La carretera ha unificado el país".

Above: Cacao drying at Weiner family processing facility in Dame Marie.
Below: The newly constructed National Highway 7 "switchbacks" north of Camp Perrin;

Next pages. Left: High altitude road construction for National Highway 7 near Beaumont.
Right: Completed deep valley bridge on National Highway 7 near Beaumont.

THE BRIDGE AT CAMP COQ:
—
NATIONAL ROAD 1

National Road 1 runs from the capital, Port-au-Prince, north along the sea through St. Marc to Gonaives then winds inland through high mountains until its conclusion in Cap-Haitian, the country's second largest city and a center of culture and commerce. The road and electricity projects along this route are so numerous we cannot take the time to visit each one. The vast flood plain between Saint Marc and Gonaives used to be a dirt road with potholes large enough to swallow a truck. The white dust from the passing traffic was so bad it covered every tree and rice field. This is what they called "Haitian snow." A road-building project that had been stalled through two prior governments was now nearing completion. After only one year the entire road was paved and a bridge spanning a kilometer had been built across the flood plain. Just east of Gonaives near Ennery a new road had been cut through a mountain and completely paved where no pavement had existed.

As we come into the little village of Camp Coq south of Cap-Haitian we pass a major earthen work being constructed along a bank of the river. It is part of the national flood works taking place in waterways across Haiti. Further along the road on the north side of the village we arrive at one of Haiti's most beautiful bridges, a single span suspension footbridge. We learn the sad story of life before the bridge and the pride of those who now use it.

A man named Arriz proudly tells us, "It is like that bridge you have in the United States in San Fransisco!" Michaelange says before the bridge when they had to cross the river on foot many people drowned. A young boy tells the story of how his father had to strip naked and carry him on his back across the river in order for him to go to school.

O5
_
DRINK

Previous pages: Girl carries products to market on the bridge at Camp Coq.

Above: Mother and child at the foot of the new suspension bridge at Camp Coq along National Highway 1.

My father would take off his clothes and I would get on his back and he would cross the river. But sometimes we couldn't cross it because it was too strong and too deep.

Philip: "The bridge. What was there before? Was there any bridge?"

Arriz: "No [there has never been a bridge on this river]."

Philip: "How did you cross the river?"

Arriz: "On foot, walking across the river."

Philip: "Is the river ever too deep to cross on foot?"

Arriz: "Sometimes it used to kill people. A lot of people. So right now I can say it is a savior for us. Because when people were sick they couldn't cross that river. So right now... we can say this plan has been made since the creation of the world from God to have us realize that... Because the town that realized this is not like a big town. We did not think that we could realize it."

We meet a young boy. He tells us a story of the river.

Boy: "When it would rain my father would carry me on his back so I could cross the river to go to school."

Philip: "Did he do that often?"

Boy: "My father would take off his clothes and I would get on his back and he would cross the river. But sometimes we couldn't cross it because it was too strong and too deep."

Philip: "Did anyone ever get hurt crossing the river?"

Boy: "Yes. Some boys I knew have been killed crossing the river when it is deep. They drowned."

Philip: "They were your friends? They were young?"

Boy: "Yes."

Philip: "What about now?"

Boy: "Because of the bridge now we are safe. Everyone can cross the water and not have to worry."

At the foot of the bridge we meet Michaelange holding her child.

Philip: "This river, does it ever get really deep?"

Michaelange: "Yes."

Philip: "How deep does it get?"

Michaelange: "Very high."

Philip: "Does it ever come on the road?"

Michaelange: "No."

Philip: "Does it come to right here?" I stoop down beside the ravine to point to a spot three meters above the current stage of the stream which is about half a meter deep.

Michaelange: "Yes."

Philip: "How often does it come to here?"

Michaelange: "When it's raining."

Philip: "So, very often?"

Michaelange: "Yes."

Philip: "Does it ever flood the houses here?"

Michaelange: "When the ravine water is flowing sometimes, yes."

Philip: "This is a beautiful river. I mean, it is very clean. Can you drink this water as well?"

Michaelange: "Yes [it is]. Yes we drink it."

Philip: "I mean, it looks very clean. Even with people washing their clothes in it. You have a beautiful community. So, the bridge... do you ever cross the bridge? What do you go over the bridge for?"

Michaelange: "Yes. [I go] just to go to buy."

Philip: "Do you go shopping in Camp Coq?"

Michaelange: "Yes."

Philip: "Before the bridge was it difficult? How did you get across the river?"

Michaelange: "Yes it was difficult. So even though it was deep, we just crossed it."

Philip: "How deep was it on you?"

Michaelange: "On the belly. Some people up to their neck."

Philip: "Did you ever go through the river up to your neck?"

Michaelange: "Yes. There are some times when we cannot even cross it."

Philip: "It's such a beautiful bridge. Do you ever go just stand on the bridge?"

Michaelange: "Yes. Just to have fun. Just to be looking at people passing by."

Above: Family poses at the foot of the new bridge in Camp Coq.

PON NAN KAN KÒK: SOU WOUT NASYONAL NIMEWO 1

Wout Nasyonal Nimewo 1 soti nan kapital la, Pòtoprens, li kontinye an direksyon nò epi li siyonnen bò lanmè, li pase Sen Mak epi Gonayiv, apre li file monte gwo mòn yo pou li rive Okap, ki se dezyèm vil ki pi enpòtan nan peyi a e ki se yon sant komèsyal epi yon sant istorik. Tèlman gen anpil pwojè wout ak elektrisite, nou pa t rive jwenn tan pou nou vizite yo chak separeman. Gwo plèn sa a ki gen abitid inonde e ki ant Sen Mak ak Gonayiv, se te yon vye wout tè, yon wout ki te chaje ak twou. Twou sa yo te konn vale kamyon si tèlman yo te gwo. Te tèlman gen pousyè blanch sou wout sa a, tout pye bwa ak jaden diri te konn kouvri ak pousyè. Yo te bay pousyè sa a ti non "Lanèj Ayisyen." Pwojè konstriksyon wout sa a te bloke sou de (2) gouvènman ki te pase anvan yo. Men, kounye a, li prèske fini. Tout wout la asfalte. Yo bati yon pon ki mezire yon kilomèt nan plèn ki konn inonde a. Nan zòn lès Gonayiv, tou prè Ennri, yo gentan fè yon nouvo wout nan yon mòn. Kounye a, wout la asfalte nan kèk kote ki pa t janm asfalte anvan.

Pandan n ap antre nan ti vilaj Kan Kòk ki nan sid Okap, nou pase bò yon gwo travay konstriksyon k ap fèt bò yon rivyè. Sa fè pati travay pwoteksyon kont inondasyon k ap fèt tout kote ki gen rivyè ann Ayiti. Pi lwen toujou, sou wout ki monte nan direksyon nò apre vilaj la, nou rive sou youn nan pi bèl pon ann Ayiti. Se yon pasrèl pou pyeton epi pasrèl sa a soti sou yon bò rive sou lòt bò a. Nou aprann mizè moun yo te konn pase lè pa te ko gen pon sa a epi fyète moun yo santi lè y ap itilize pon an kounye a.

Yon mesye ki rele Arriz di nou ak anpil fyète: "Pon sa a sanble ak yon pon oz Etazini nan vil San Fransisko." Michaelange di, lè pon an pa t ko la, lè moun te konn janbe rivyè a a pye, anpil nan yo nwaye nan dlo a. Yon jèn ti gason rakonte nou listwa kòman papa l te konn dezabiye l toutouni, fè l monte sou do l pou li janbe rivyè a pou mennen l ale lekòl.

Philip: "Pon sa a, ki sa ki te la anvan sa? Pa t gen okenn pon anvan sa ?"

Arriz: "Non [pa t janm gen okenn pon sou rivyè sa a]."

Philip: "Kòman w te konn fè pou janbe rivyè a ?"

Arriz: "Mwen te konn mache a pye nan rivyè a."

Philip: "Rivyè sa a pa janm twò fon pou w janbe l a pye ?"

Arriz: "Pafwa rivyè a te konn touye moun. Anpil moun. Kon sa, mwen ka di pon sa a se yon sovè pou nou kounye a. Paske lè moun yo te malad yo pa t ka janbe rivyè sa a. Kounye a... nou ka di Bondye te gentan fè plan sa a depi anvan kreyasyon monn lan pou n te reyalize sa... paske vil ki reyalize travay sa a pa menm yon gwo vil. Nou pa t menm panse nou te ka reyalize sa."

Nou rankontre yon jèn ti gason. Li rakonte nou istwa rivyè a.

Ti gason: "Lè lapli tonbe, papa m pote m sou do l pou m janbe rivyè a pou m ale lekòl."

Philip: "Li te konn fè sa souvan ?"

Ti gason: "Papa m te konn retire tout rad sou li, mwen monte sou do l epi li janbe rivyè a avè m. Pafwa nou pa t ka janbe l paske l te twò fò epi twò fon."

Philip: "Pa janm gen moun ki blese nan janbe rivyè a ?"

Ti gason: Kèk ti mesye mwen te konnen te mouri nan eseye janbe rivyè a pandan rivyè a te desann. Ti mesye yo te nwaye."

Philip: "Se zanmi w yo te ye? Èske yo te jèn?"

Ti gason: "Wi."

Philip: "E kounye a?"

Ti gason: "Akoz pon an, kounye a nou an sekirite. Tout moun ka janbe rivyè a san pwoblèm."

Nan antre pon an, nou rankontre Michaelange k ap pote pitit li.

Philip: "Rivyè sa a, èske gen lè li fon anpil ?"

Michaelange: "Wi."

Philip: "Ki nivo li konn rive ?"

Michaelange: "Vrèman wo."

Philip: "Èske l konn monte sou wout la ?"

Michaelange: "Non."

Philip: "Èske l konn rive la a ?"

Mwen te kanpe anba bò ravin nan pou m lonje dwèt sou yon kote ki twa mèt wotè sou tèt dlo a e ki dwe mezire apeprè mwatye yon mèt pwofondè.

Michaelange: "Wi."

Philip: "Chak ki lè dlo a rive nan wotè sa a ?"

Michaelange: "Lè lapli tonbe."

Philip: "Sa vle di, souvan?"

Michaelange: "Wi."

Philip: "Dlo a pa janm antre nan kay sa yo la a?"

Michaelange: "Wi. Pafwa lè dlo ravin nan desann."

Philip: "Sa se yon bèl rivyè. Rivyè a vrèman pwòp. Ou ka bwè dlo sa a tou?"

Michaelange: "Wi [li pwòp]. Wi nou bwè l."

Philip: "Mwen vle di rivyè a sanble l pwòp, malgre moun yo ap lave rad yo ladan l. Ou gen yon bèl kominote. Pon an..., ou pa janm travèse pon an? Ki sa w konn al fè lòt bò pon an?"

Michaelange: "Wi [mwen konn ale] mwen konn al achte."

Philip: "Se nan Kan Kòk w al achte?"

Michaelange: "Wi."

Philip: "Lè pa t ko gen pon an, èske sa te difisil ? Kòman w te konn fè janbe rivyè a?"

Michaelange: "Wi, sa difisil. Menm si l te fon, nou te janbe l."

Philip: "Nan ki wotè dlo a te konn rive nan kò w?"

Michaelange : "Nan vant mwen. Gen moun dlo a bay jis nan kou."

Philip: "Ou pa ko janm janbe rivyè a pou l rive nan kou w?"

Michaelange: "Wi, dè fwa nou pa menm ka janbe l."

Philip: "Sa se yon pon ki bèl anpil. Ou pa janm al sou pon an jis pou w fè yon ti kanpe sou li ?"

Michaelange: "Wi, pou m pran plezi m ap gade moun k ap pase."

LE PONT DE CAMP COQ: LA ROUTE NATIONALE 1

La Nationale 1 va de la capitale, Port-au-Prince, aux Gonaïves, en longeant la mer au nord et en passant par Saint-Marc. Elle serpente ensuite à l'intérieur à travers les hautes montagnes pour s'arrêter au Cap-Haïtien, la deuxième ville du pays qui représente un centre culturel et commercial. Les projets routiers et d'électricité sont si nombreux, le long de cette route, que le temps nous manque pour tous les visiter. À l'origine, la grande plaine inondable entre Saint Marc et les Gonaïves était un chemin de terre, jonché de nids-de-poule assez grands pour avaler un camion. La poussière blanche de la circulation était si dense qu'elle couvrait entièrement les arbres et les rizières. C'est ce qu'on appelait « la neige haïtienne ». Un projet de construction de route, auparavant bloqué par deux gouvernements antérieurs, est maintenant en voie d'achèvement. Après seulement un an, toute la route a été pavée et un pont long d'un kilomètre a été construit à travers la plaine d'inondation. Juste à l'est des Gonaïves, près d'Ennery, une nouvelle route a été creusée à travers une montagne et entièrement pavée, là où aucune chaussée n'existait auparavant.

Comme nous entrons dans le petit village de Camp Coq au sud de Cap-Haïtien, nous arrivons face à face avec une imposante construction de terre en cours d'achèvement le long d'une berge de la rivière. Elle fait partie des travaux nationaux de drainage effectués dans les cours d'eau à travers Haïti. Plus loin, le long de la route, sur le côté nord du village, nous arrivons à l'un des plus beaux ponts d'Haïti, une passerelle suspendue à travée unique. Nous apprenons la triste histoire de la vie des habitants de cette localité avant la construction du pont et la fierté de ceux qui l'utilisent maintenant.

Un homme nommé Arriz nous dit fièrement: « C'est comme le pont San Francisco aux Etats-Unis ! » Michaelange raconte qu'avant le pont, quand ils devaient traverser la rivière à pied, de nombreuses personnes se sont noyées. Un jeune garçon raconte l'histoire de son père, qui devait se déshabiller et le porter sur son dos à travers la rivière pour qu'il aille à l'école.

Philip: « Le pont. Qu'y avait-il avant ? Existait-il un pont ? »

Arriz: « Non [il n'y a jamais eu de pont sur cette rivière]. »

Philip: « Comment faisiez-vous pour traverser la rivière ? »

Arriz: « A pied, en marchant à travers la rivière. »

Philip: « Arrive-t-il parfois que la rivière soit trop profonde pour la traverser à pied ? »

Arriz: « Parfois, elle tuait des gens. Beaucoup de gens. Donc maintenant, je peux dire que le pont est un sauveur pour nous. Quand les gens étaient malades, ils ne pouvaient pas traverser cette rivière. Donc maintenant... nous pouvons dire que cela était prévu par Dieu depuis la création du monde pour nous faire accomplir ceci... Parce que la ville qui l'a accompli n'est pas grande. Nous ne pensions pas pouvoir y arriver. »

Nous rencontrons un jeune garçon. Il nous raconte une histoire à propos de la rivière.

Garçon: « Lorsqu'il pleuvait, mon père devait me porter sur son dos pour me faire traverser la rivière afin que je puisse me rendre à l'école. »

Philip: « Le faisait-il souvent ? »

Garçon: « Mon père enlevait ses vêtements, puis je grimpais sur son dos et il traversait la rivière. Mais parfois, nous ne pouvions pas traverser parce que le courant était trop fort et l'eau trop profonde. »

Philip: « Quelqu'un s'est-il déjà blessé en tentant de traverser la rivière ? »

Garçon: « Oui. Des garçons que je connaissais sont morts en voulant traverser la rivière quand elle était en crue. Ils se sont noyés. »

Philip: « C'était tes amis ? Ils étaient jeunes ? »

Garçon: « Oui. »

Philip: « Qu'en est-il maintenant ? »

Garçon: « Grâce au pont, nous sommes maintenant en sécurité. Tout le monde peut traverser l'eau sans s'inquiéter. »

Au pied du pont, nous rencontrons Michaelange tenant son enfant dans ses bras.

Philip: « Cette rivière a-t-elle déjà été en crue ? »

Michaelange: « Oui. »

Philip: « Quelle profondeur peut-elle atteindre ? »

Michaelange: « Très profond. »

Philip: « A-t-elle déjà atteint la route ? »

Michaelange: « Non. »

Philip: « Vient-elle jusqu'ici ? » Je me baisse à côté du ravin pour désigner du doigt un endroit à trois mètres au-dessus du niveau actuel du cours d'eau, profond d'environ un demi-mètre.

Michaelange: « Oui. »

Philip: « Monte-t-elle souvent jusqu'ici ? »

Michaelange: « Quand il pleut. »

Philip: « Très souvent, alors ? »

Michaelange: « Oui. »

Philip: « A-t-elle déjà inondé les maisons ici ? »

Michaelange: « Quand l'eau du ravin coule parfois, oui. »

Philip: « C'est une belle rivière. Je veux dire, elle est très propre. Pouvez-vous boire cette eau aussi ? »

Michaelange: « Oui [elle est propre]. Oui, nous la buvons. »

Philip: « Je veux dire, elle semble très propre. Même avec des gens qui y lavent leurs vêtements. Vous avez une belle communauté. Ainsi, le pont... Traversez-vous le pont parfois ? Pour quelle raison traversez-vous le pont ? »

Michaelange: « Oui. [Je le traverse] juste pour aller faire des courses. »

Philip: « Allez-vous faire des emplettes à Camp Coq ? »

Michaelange: « Oui. »

Philip: « Avant le pont, c'était difficile? Comment faisiez-vous pour traverser la rivière ? »

Michaelange: « Oui, c'était difficile. Même si elle était en crue, on la traversait. »

Philip: « À quelle hauteur vous arrivait-elle ? »

Michaelange: « Au ventre. Certaines personnes, jusqu'à leur cou. »

Philip: « Avez-vous traversé la rivière lorsqu'elle vous arrivait jusqu'au cou ? »

Michaelange: « Oui. Il y a des moments où nous ne pouvions même pas la traverser. »

Philip: « C'est un si beau pont. Est-ce qu'il vous arrive de simplement rester sur le pont sans le traverser ? »

Michaelange: « Oui. Juste pour le plaisir. Juste pour aller regarder les passants. »

Above: New flood protection barriers in Jacmel.

Above: Man cycles along path through cacao country toward the bridge at Camp Coq.

Following pages: The new suspension bridge at Camp Coq.

EL PUENTE EN CAMP COQ: RUTA NACIONAL 1

La Ruta Nacional 1 va hacia el norte desde la capital, Puerto Príncipe, bordea el mar, pasa por la ciudad de St. Marc hasta Gonaives, luego serpentea hacia el interior por las montañas hasta su destino final en Cabo Haitiano, la segunda ciudad más grande del país y un centro cultural y comercial. Son tan numerosas las obras viales y eléctricas a lo largo de esta ruta que no tenemos tiempo de visitarlos todos. La inmensa llanura entre Saint Marc y Gonaives antes era un trillo con baches que podían tragarse un camión. El polvo blanco del tráfico era tal que cubría todos los árboles y los sembradíos de arroz. Lo llamaban "la nieve haitiana". Una obra vial estancada durante los dos gobiernos anteriores estaba a punto de concluirse. En sólo un año toda la carretera estaba pavimentada y se había construido un puente de un kilómetro que atravesaba la llanura que suele inundarse. Justo al este de Gonaives, cerca de Ennery, donde no existía camino alguno, se había construido una nueva carretera completamente pavimentada que atravesaba la montaña.

A la entrada del pueblito de Camp Coq al sur de Cabo Haitiano pasamos una inmensa construcción a lo largo del río. Es parte de la construcción de diques de contención contra inundaciones que se está haciendo en todas los cursos fluviales del país. Más adelante al norte del pueblo llegamos a uno de los puentes más bellos de Haití, un puente colgante. Y nos enteramos de lo triste que era la vida antes de la construcción del puente y del orgullo que sienten quienes ahora lo cruzan.

Un hombre llamado Arriz nos cuenta orgulloso: "¡Es igual a ese puente en los Estados Unidos en San Francisco!" Michaelange dice que cuando no existía tenían que cruzar el río a pie y muchos se ahogaban. Un niño cuenta cómo su padre se desnudaba y se lo echaba a la espalda para cruzar el río y llevarlo a la escuela.

Philip: "¿Qué había antes? ¿Había algún puente?"

Arriz: "No [nunca ha habido un puente sobre este río]".

Philip: "¿Cómo hacían para cruzar?"

Arriz: "A pie, caminando".

Philip: "¿El río no está a veces muy crecido para cruzar a pie?"

Arriz: "A veces mataba a la gente. Mucha gente. Así que ahora puedo decir que es un salvador para nosotros. La gente enferma no podía cruzar ese río. Ahora podemos decir que este plan lo hizo Dios desde la creación del mundo para revelarnos que... Porque el pueblo que hizo esto no es un pueblo grande. Nosotros no pensamos que podríamos hacerlo".

Nos encontramos con un niño. Nos cuenta una historia del río.

El niño: "Cuando llovía mi padre solía llevarme en su espalda para cruzar el río e ir a la escuela"

Philip: "¿Lo hizo con frecuencia?"

El niño: "Mi padre se quitaba la ropa y me cargaba en su espalda. Pero a veces no podíamos cruzar porque la corriente era demasiado fuerte y el río demasiado profundo".

Philip: "¿Alguien alguna vez se accidentó al cruzar?"

El niño: "Sí. Algunos chicos que conocía murieron al cruzar el río crecido. Se ahogaron".

Philip: "¿Eran tus amigos? ¿Eran jóvenes?"

El niño: "Sí".

Philip: "¿Qué pasa ahora?"

El niño: "Ahora con el puente es seguro. Todo el mundo puede cruzar el agua sin preocuparse".

Al pie del puente encontramos a Michaelange con su hijo en brazos.

Philip: "¿Alguna vez el río se ha puesto muy hondo?"

Michaelange: "Sí".

Philip: "¿Cuán hondo?"

Michaelange: "Muy hondo".

Philip: "¿Alguna vez ha inundado el camino?"

Michaelange: "No".

Philip: "¿Llega hasta aquí?" Me inclino al lado de la quebrada y señalo un punto tres metros por encima de donde llega el agua ahora que el río tiene medio metro de profundidad.

Michaelange: "Sí".

Philip: "¿Con qué frecuencia llega en ese punto?"

Michaelange: "Cuando llueve".

Philip: "¿Así que, muy a menudo?"

Michaelange: "Sí".

Philip: "¿Alguna vez ha inundado las casas?"

Michaelange: "Sí, cuando el río crece a veces".

Philip: "Este es un río hermoso. Muy limpio. ¿Pueden beber el agua?"

Michaelange: " Sí, la tomamos".

Philip: "Se ve muy limpio aunque la gente lava su ropa en él. Tienen una hermosa comunidad. ¿Alguna vez ha cruzado el puente? ¿Para qué?"

Michaelange: "¡Claro! Para ir de compras".

Philip: "¿Usted va a comprar a Camp Coq?"

Michaelange: "Sí".

Philip: "¿Era difícil antes? ¿Cómo atravesaba el río?"

Michaelange: "Sí, era difícil. Así que a pesar de la crecida, cruzábamos".

Philip: "¿Por dónde le llegaba el agua?"

Michaelange: "Me llegaba a la barriga. A algunos, al cuello".

Philip: "¿Alguna vez le llegó al cuello?"

Michaelange: "Sí, a veces ni siquiera podemos cruzarlo".

Philip: "Es un puente hermoso. ¿Alguna vez se para en el puente, sin razón alguna?"

Michaelange: "Sí. Para entretenerme y mirar a la gente pasar".

06

—

PROTECT

FEEDING HAITI

YON WOUT SE YON SENBÒL

PH: "Your government has put a lot of effort into developing agricultural resources. You quoted a statistic saying Haiti produces the least amount of its own food of every country in the world except one. Is it possible for Haiti to feed itself?"

LL: "A lot of governments have come and gone and nobody even cared to bother about the farmers and fishermen of the country. We wanted to bring them to light and bring their fight to light. Bring their livelihood to light. We wanted to design resources and programs to help train farmers and fishermen and to provide them with tools and resources to better produce for the country."

"The fisherman represents a very important group of people in Haiti in particular because they are feeding a large portion of the population and have been mostly ignored in the past. Fishing itself is one industry that allows thousands of families to survive. So you have to bring awareness toward their plight. And find industries to build around them. You have to find the ways and means to find markets for them. And take care of them as an important group. Just like the farmers all over the countryside."

"We developed support for tens of thousands of farmers and almost ten thousand individual fishermen. We created ten centers around the country for collecting and processing their products. We provided subsidized seeds and fertilizers and worked to upgrade tens of thousands of hectares of farmland. We built public markets."

PH: "Gouvènman w lan te fè anpil jefò pou devlope resous agrikòl. Ou te bay yon estatistik kote w te di, pami tout peyi sou latè eksepte youn, Ayiti pwodui pi piti kantite nan valè manje li bezwen pou l nouri popilasyon an. Èske Ayiti ka nouri pitit li?"

LL: "Anpil gouvènman vini epi yo ale. Men, pèsòn pa t janm pran tan pou yo ede kiltivatè ak pechè nan peyi a. Nou te vle pou peyi a wè yo epi pou nou wè ak ki pwoblèm y ap fè fas. Nou te vle pou peyi a wè nan ki kondisyon y ap viv. Nou te vle devlope resous epi pwogram ki pou ede kiltivatè ak pechè yo jwenn fòmasyon epi ba yo zouti ak materyèl pou yo pwodui pi byen pou peyi a."

"Pechè yo reprezante yon gwoup moun vrèman enpòtan ann Ayiti sitou paske se yo menm k ap bay yon gwo pati popilasyon an manje epi se moun ke yo te inyore anpil anvan sa. Lapèch la, pou kont li, se yon endistri ki pèmèt plizyè milye fanmi viv. Fòk nou rekonèt konba y ap mennen an epi chache konstwi endistri nan zòn kote yo rete. Fòk nou chache mwayen pou nou jwenn biznis pou yo, chache mwayen pou n ankadre yo kòm yon gwoup enpòtan, menm jan ak kiltivatè yo nan tout rakwen nan pwovens yo."

"Nou te devlope sipò pou plizyè dizèn milye kiltivatè epi pou di mil pechè. Nou te monte dis (10) sant nan peyi a pou ranmase epi konsève pwodui. Nou distribiye semans ak angrè e nou travay pou n amelyore plizyè milye ekta tè agrikòl. Nou konstwi plizyè mache piblik."

LA ROUTE EST UN SYMBOLE

PH: « Votre gouvernement a consacré beaucoup d'efforts au développement des ressources agricoles. Vous avez cité une statistique montrant qu'Haïti produit moins de nourriture pour sa propre consommation que tout autre pays à travers le monde, sauf un. Haïti peut-elle se nourrir ? »

LL: « Un grand nombre de gouvernements se sont succédés et personne n'a même pris la peine de se soucier des agriculteurs et des pêcheurs du pays. Nous voulions les amener à la lumière et amener leur combat à la lumière. Amener leurs moyens de subsistance à la lumière. Nous voulions mobiliser des ressources et concevoir des programmes pour aider les agriculteurs et les pêcheurs à se former et leur fournir des outils et des ressources pour mieux produire pour le pays.»

« Les pêcheurs représentent un groupe de personnes très important en Haïti, en particulier parce qu'ils nourrissent une grande partie de la population et ont souvent été ignorés par le passé. La pêche est une industrie qui permet à des milliers de familles de survivre. Donc, il faut sensibiliser les gens à leur sort. Et trouver des industries à construire autour d'eux. Vous devez trouver les moyens de créer des marchés pour eux. Et prendre soin d'eux comme d'un groupe important. Tout comme les agriculteurs partout à la campagne. »

« Nous avons développé un programme de soutien pour des dizaines de milliers d'agriculteurs et pour près de dix mille pêcheurs individuels. Nous avons créé dix centres à travers le pays pour la collecte et le traitement de leurs produits. Nous avons fourni des semences et des engrais subventionnés et avons travaillé à la mise à niveau de dizaines de milliers d'hectares de terres agricoles. Nous avons construit des marchés publics. »

LA CARRETERA ES UN SÍMBOLO

PH: "Su gobierno se ha esforzado mucho en el desarrollo agrícola. Una vez citó la estadística de que Haití es el segundo país del mundo que menos se autoabastece en términos de producir la comida que consume. ¿Puede Haití autoabastecerse de alimentos?"

LL: "Han pasado muchos gobiernos sin que nadie se ha haya preocupado por los agricultores y pescadores del país. Queríamos sacarlos a la luz a ellos y a su lucha. Sacar a la luz su forma de sustento. Queríamos diseñar proyectos y programas para capacitar a los agricultores y pescadores y proporcionarles herramientas y recursos para producir mejor".

"Los pescadores representan un grupo muy importante en Haití sobre todo porque alimentan a gran parte de la población y han sido ignorados en el pasado. La pesca permite sobrevivir a miles de familias. Así que hay que crear conciencia sobre su difícil situación, encontrar industrias que puedan construirse alrededor de ellos y medios para abrirles mercados. Y cuidar de ellos como un grupo importante al igual que los agricultores en todo el país".

"Apoyamos a decenas de miles de agricultores y a casi diez mil pescadores. Creamos diez centros en todo el país para recolectar y procesar sus productos. Proveemos semillas y fertilizantes subsidiados para mejorar decenas de miles de hectáreas de tierras de cultivo y construimos mercados públicos".

Previous pages: High altitude farming suitable for coffee in northeast Haiti.

Clockwise from left: 1. High altitude farmland in Furcy. 2. Natural Haitian rice for sale in Artibonite. 3. Fishermen haul nets ashore in Port Salut. 4. Fishermen mend nets at Wharf Soleil in Cite Soleil.

A lot of governments have come and gone and nobody even cared to bother about the farmers and fishermen of the country. We wanted to bring them to light and bring their fight to light.

Above: Traditional sailboats unload their cargo at Wharf Soleil in Cite Soleil, what was once the central port for charcoal brokers and has now become a limping dock for local fishermen and the remaining charcoal fleets.

Right page: Children row a dugout canoe to meet their father diving for lambi offshore at Pilante Island.

SECURITY IS THE PILLAR OF STABILITY

PH: "We have talked about progress in Haiti. But isn't it also true Haiti can be an insecure place? Political assassinations still occur, warlord gangs still fight with guns, and though medical care is improving it still has a long way to go. Even though the U.S. State Department has praised Haiti for incredible increases in security, isn't it true Haiti still suffers from vast insecurity?"

LL: "Security is the pillar of stability. It is the basis for any progress a country is going to experience. Because without security you cannot build roads, you cannot build a homeland. Without security the international community cannot visit and invest. So security is at the top of the list in terms of strategy when you are running a government."

"In 2014 the U.S. State Department praised Haiti in an official written declaration for Haiti's dramatic increase in security. Our administration received heads of state and representatives from countries around the world, which was unheard of before. Because we created an environment for trust, by us showing there was a new government in place, by showing that, look, things are being done differently and that we are going in the right direction. So people understood and they wanted to see and make a visit. And certainly participate in the changes taking place in Haiti. That's how we were able to receive over fifteen heads of government. Some came from all over the world like Vietnam and Panama. Like France. All the big nations came to visit Haiti to see what is it all about."

"We focused our development on the Haitian Police by giving them trust in themselves. By letting them know they have backup, that they have a government that understands

SEKIRITE SE BAZ ESTABILITE

PH: "Nou pale de pwogrè ann Ayiti. Men, èske se pa vre Ayiti se yon kote ki soufri ensekirite tou? Asasina politik yo toujou ap fèt, chèf gang yo, ki se mèt lagè, toujou ap goumen ak zam, e malgre swen medikal la ap amelyore, gen anpil bagay ki pou fèt toujou. Menm si Depatman d Eta Etazini an fè lwanj pou Ayiti jan nivo sekirite a vin ogmante, èske se pa vre Ayiti toujou ap soufri akoz gwo ensekirite?"

LL: "Sekirite se baz estabilite, se sa ki alabaz tout pwogrè yon peyi ka fè. Paske, san sekirite, ou pa ka konstwi wout, ou pa ka konstwi yon peyi. San sekirite, kominote entènasyonal la pa ka vin vizite epi envesti. Kidonk, sekirite dwe nan tèt lis priyorite plan estratejik yon peyi lè w ap dirije yon gouvènman."

"Nan lane 2014, Depatman d Eta Etazini te fè lwanj pou Ayiti nan yon deklarasyon ofisyèl sou jan sekirite te amelyore ann Ayiti. Administrasyon nou an te resevwa plizyè chèf d Eta ak reprezantan plizyè peyi ki soti tou patou nan lemonn. Se yon koze moun pa t menm ka imajine anvan sa. Nou te kreye yon klima konfyans nan montre gen yon gouvènman an plas e nou te pwouve tout moun bagay yo ap mache yon lòt jan e nou t ap suiv bon chemen. Moun yo te konprann e yo te vle vin wè, vin vizite. Epi, sètènman, yo te vle vin patisipe tou nan chanjman ki te koumanse fèt ann Ayiti. Se kon sa nou te rive resevwa plis pase kenz (15) chèf gouvènman, kèk nan yo te soti tout kote nan lemonn, tankou Vyetnam, Panama, Lafrans, tout gwo nasyon yo te vin vizite Ayiti pou yo wè sa k t ap pase."

"Nou te mete atansyon nou sou devlopman Polis Nasyonal la pou n te fè yo reprann wout pou yo fè tèt yo konfyans ankò, nan fè yo konnen ke yo te gen sipò, yo gen gouvènman ki konprann yo epi k ap apiye yo. Nou pa t gen

LA SÉCURITÉ EST LE PILIER DE LA STABILITÉ

LA SEGURIDAD ES EL PILAR DE LA ESTABILIDAD

PH: « Nous avons parlé de progrès en Haïti. Mais n'est-il pas aussi vrai qu'Haïti peut être un endroit peu sécuritaire ? Les assassinats politiques se produisent encore, les gangs armés continuent de s'entretuer, et bien que les soins médicaux s'améliorent, il y a encore un long chemin à parcourir. Même si le Département d'Etat américain a félicité Haïti pour ses progrès incroyables en matière de sécurité, n'est-il pas vrai qu'Haïti souffre toujours d'une grande insécurité ? »

LL: « La sécurité est le pilier de la stabilité. Elle est la base de tout le progrès qu'un pays va connaître. Parce que sans sécurité, vous ne pouvez pas construire de routes, vous ne pouvez pas construire de patrie. Sans la sécurité, la communauté internationale ne peut pas visiter et investir. Donc, la sécurité figure en tête de liste des stratégies lorsque vous dirigez un gouvernement. »

« En 2014, le Département d'Etat américain, dans une déclaration officielle écrite, a félicité Haïti pour avoir considérablement amélioré le climat de sécurité au pays. Notre administration a reçu des chefs d'Etat et des représentants de plusieurs pays, ce qui était impensable auparavant. Parce que nous avons créé un environnement de confiance, en montrant qu'il y avait un nouveau gouvernement en place, qu'il y avait une nouvelle façon de faire les choses et que nous allions dans la bonne direction. Donc, les gens ont compris, ils voulaient voir par eux-mêmes et nous rendre visite. Et certainement participer aux changements qui se produisent en Haïti. Voilà comment nous avons pu recevoir plus de quinze chefs de gouvernement. Ils sont venus de partout à travers le monde, du Vietnam, du Panama, de la France. Toutes les grandes nations sont venues visiter Haïti pour voir de quoi il était question. »

« Nous avons concentré nos efforts de développement sur la police haïtienne, en lui donnant

PH: "Hemos hablado sobre el progreso de Haití. ¿Pero no es cierto que Haití es inseguro? Todavía hay asesinatos políticos y peleas de pandillas armadas y aunque la atención médica está mejorando queda un buen trecho por recorrer. A pesar de que el Departamento de Estado de Estados Unidos ha elogiado a Haití por el notable progreso en esta área, ¿acaso Haití no sigue padeciendo de una gran inseguridad?"

LL: "La seguridad es el pilar de la estabilidad. Es la base del progreso de un país. Sin seguridad no se puede construir carreteras, no se puede construir una patria. Sin seguridad la comunidad internacional no puede visitar el país e invertir. Así es que la seguridad encabeza la lista de prioridades en la estrategia de gobierno".

"En 2014 el Departamento de Estado de Estados Unidos elogió a Haití en una declaración oficial escrita por su progreso considerable en materia de seguridad. Nuestra administración recibió a Jefes de Estado y representantes de países de todo el mundo, algo inaudito anteriormente. Esto se debe a que creamos un ambiente de confianza al mostrar que había un nuevo gobierno a cargo y que las cosas se están haciendo de otro modo y vamos por el camino correcto. La gente entendió y quisieron venir, ver y, ciertamente, ser parte de los cambios que atraviesa Haití. Por eso recibimos a más de 15 jefes de gobierno, de todas las esquinas del mundo, Vietnam, Panamá, Francia. Todas las grandes naciones visitaron Haití para ver qué estaba pasando".

"Nos enfocamos en mejorar la policía de Haití al inspirarles confianza en sí mismos y hacerles saber que tienen el respaldo de un gobierno que los entiende y apoya. No

them. That supports them. We didn't have enough policemen. We added three thousand of them in thirty-one months. We invested heavily in police training and in providing better equipment and facilities for our police. As you know we created a special division of the police to protect foreigners in order to increase our ability to invite people to visit Haiti as tourists and allow them to feel safe. We also invested in the less visible aspects of police security through social safety nets. We increased social services to be able to more effectively investigate and monitor children's services and complaints. We actually began to police orphanages and monitor the care of children."

"As I have said, nothing is done separately. Security cannot happen without development. Development cannot happen without security. This is why it has been so important to try and build a unified effort to helping the country. Security isn't only about policing. Food security, as we just discussed, and medical security are important. If a person in the countryside can't get basic medical services, what security does he feel?"

"The hospital is the place of healing. It is the place of therapy. It is a symbol of being cared for, that we care to treat our citizens, and in the most remote places. It's a way to save lives, to give life. And to preserve life. This also is security. There are not enough hospitals in Haiti. There needs to be more. As we have ten million people and have beds really for less than a million. A lot of investment needs to happen for that. So we did our best to invest in existing hospitals in the country and to build new ones, especially in places where no hospital has existed."

ase polisye e nou te ajoute twa mil nan trant e en mwa. Nou te envesti anpil nan fòmasyon yo epi nan ba yo bon ekipman ak biwo pou polis nou an. Kòm ou konnen, nou te kreye yon divizyon espesyal pou n pwoteje etranje, pou n ka mete plis kapasite pou n envite moun vin vizite Ayiti kòm touris, pou n fè touris yo santi yo an sekirite. Nou te envesti tou nan sa moun pa wè nan sekirite polis la, nan filyè sekirite sosyal yo. Nou te mete plis sèvis sosyal pou n te ka mennen pi bon ankèt epi pi bon siveyans sou sèvis timoun epi sou plent yo. Nou te menm kòmanse voye lapolis nan òfelina epi suiv ki kalite swen timoun yo ap resevwa."

"Jan mwen te di a, pa gen anyen ki fèt poukont li, nou pa ka ap pale de sekirite san nou pale de devlopman. Menm jan tou, pa ka gen devlopman san sekirite. Se sa k fè sa te vrèman enpòtan pou n eseye devlope pwojè yo nan tèt ansanm pou n ede peyi a. Sekirite se pa sèlman zafè lapolis. Gen sekirite alimantè, jan nou sot pale talè a, epi gen sekirite medikal. Sa enpòtan tou. Si moun nan pwovens pa ka jwenn sèvis fondamantal pou swen lasante, ki jan y ap ka santi yo an sekirite ?"

"Lopital se kote yo geri moun. Se kote yo fè terapi. Se kote pou moun jwenn swen, yon kote nou pran angajman pou sitwayen nou yo jwenn laswenyay ata nan zòn ki pi lwen yo. Se yon fason pou sove lavi, bay lavi, epi pwoteje lavi. Sa rele sekirite tou. Pa gen ase lopital ann Ayiti. Nou ta dwe gen plis. Kòm nou gen dis milyon moun e nou gen kabann lopital pou mwens pase yon milyon moun, anpil envestisman dwe fèt pou sa. Kon sa nou te fè tout sa nou ka fè pou n envesti nan lopital ki te deja egziste nan peyi a epi konstwi lòt, espesyalman nan kote ki pa t janm gen lopital anvan sa."

confiance en elle-même. En faisant savoir [aux policiers] qu'ils ne sont pas seuls, qu'ils ont un gouvernement qui les comprend. Qui les soutient. Nous ne disposons pas de suffisamment de policiers. Nous avons ajouté trois mille policiers de plus en l'espace de trente-et-un mois. Nous avons beaucoup investi dans la formation de la police et fourni de meilleurs équipements et installations aux forces policières. Comme vous le savez, nous avons créé une division spéciale au sein de la police pour protéger les étrangers afin d'augmenter notre capacité à inviter les gens à se rendre en Haïti en tant que touristes, tout en leur permettant de se sentir en sécurité. Nous avons également investi dans les aspects moins visibles de la sécurité policière, grâce à des filets de sécurité sociaux. Nous avons augmenté les services sociaux pour être en mesure d'étudier et de surveiller plus efficacement les services et les plaintes des enfants. Nous avons, en fait, commencé avec les orphelinats et les soins aux enfants. »

« Comme je l'ai dit, rien ne se fait séparément. On ne peut atteindre la sécurité sans le développement. Le développement ne peut se réaliser sans la sécurité. Voilà pourquoi il était capital d'essayer de concerter les efforts pour aider le pays. La sécurité ne concerne pas seulement la police. La sécurité alimentaire, comme nous venons d'en parler, et la sécurité médicale sont importantes. Si une personne à la campagne ne peut pas obtenir des services médicaux de base, quelle sécurité éprouve-t-elle ? »

« L'hôpital est le lieu de guérison. C'est un lieu de thérapie. C'est un symbole de soins, qui montre à quel point nous nous soucions de prendre soin de nos citoyens, y compris dans les endroits les plus reculés. C'est une façon de sauver des vies, de donner la vie. Et de préserver la vie. Il représente également la sécurité. Il n'y a pas assez d'hôpitaux en Haïti. Donc nous avons fait de notre mieux pour investir dans les hôpitaux existants à travers le pays et en construire de nouveaux, en particulier dans les endroits où aucun hôpital n'existait. »

teníamos suficientes policías. En 31 meses, añadimos tres mil más. Hicimos una inversión considerable en su capacitación, equipamiento e instalaciones. Como sabes, creamos una división especial de la policía para la protección de extranjeros, para que fuera posible invitarlos a hacer turismo en Haití y que se sintieran seguros. También invertimos en aspectos menos visibles de seguridad policial a través de programas de bienestar social. Aumentamos los servicios sociales para poder investigar y controlar mejor los servicios para niños y las quejas que se reciben. En realidad, comenzamos a vigilar de cerca los orfanatos y monitorear el cuidado de los niños".

"Como ya he dicho, nada se hace por separado. La seguridad no se manifiesta sin desarrollo. El desarrollo no puede ocurrir sin seguridad. Por eso ha sido tan importante impulsar un esfuerzo mancomunado para ayudar al país. "La seguridad no es sólo policial. La seguridad alimentaria, como acabamos de hablar, y la seguridad de la salud son importantes. Si una persona en el campo no recibe atención médica básica, ¿cuán segura se sentirá?"

"El hospital es un lugar de cura, de terapia. Es un símbolo de que a uno lo cuidan, de que nos preocupamos de dar atención a nuestros ciudadanos hasta en los lugares más remotos. Es una forma de salvar vidas, dar vida y preservar la vida. Eso también es seguridad. No hay suficientes hospitales en Haití y se necesitan más, pues tenemos diez millones de habitantes y hay camas para menos de un millón. Para eso se requiere mucha inversión. Hicimos cuánto pudimos para invertir en los hospitales existentes y construir nuevos, especialmente donde nunca había habido uno".

Previous pages: New private hospital in Mirebalais is powered in part with extensive solar panel network.

Above: Student protestor and journalist walk through the "danger zone" during a teacher-led protest in downtown Port-au-Prince.

Above from left: 1. Newly trained and properly equipped member of the Haiti National Police at work in Port-au-Prince. 2. Newly formed Politour special tourist protection unit at Toussaint International Airport. 3. Newly commissioned police cadets are presented at ceremony in Arcahai.

Security isn't only about policing. Food security, as we just discussed, and medical security are important. If a person in the countryside can't get basic medical services, what security does he feel?

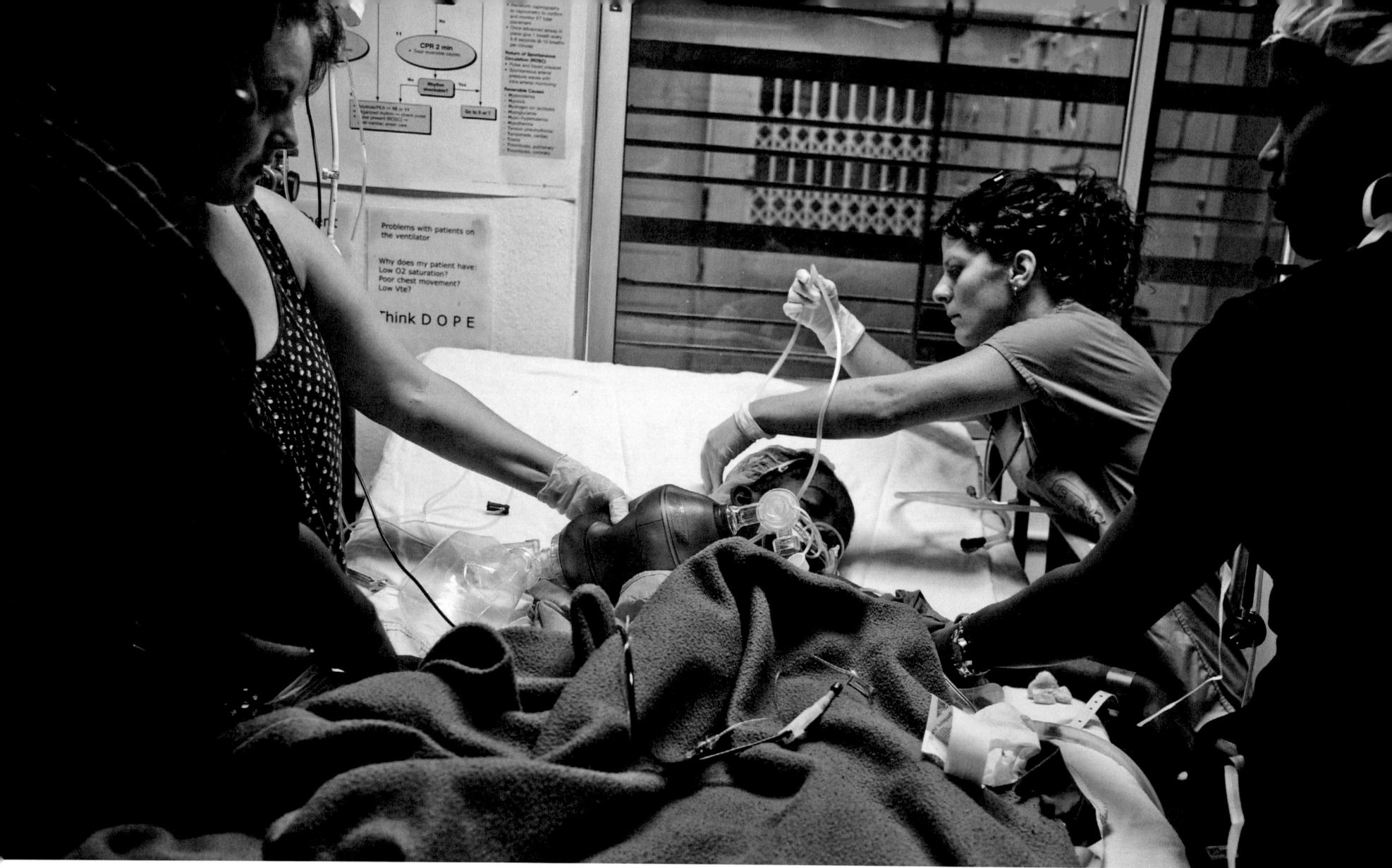

Above: Doctors treat a child at Bernard Mevs Hospital in Port-au-Prince.

Right page: A child is nurtured to health in an incubator at Bernard Mevs Hospital.

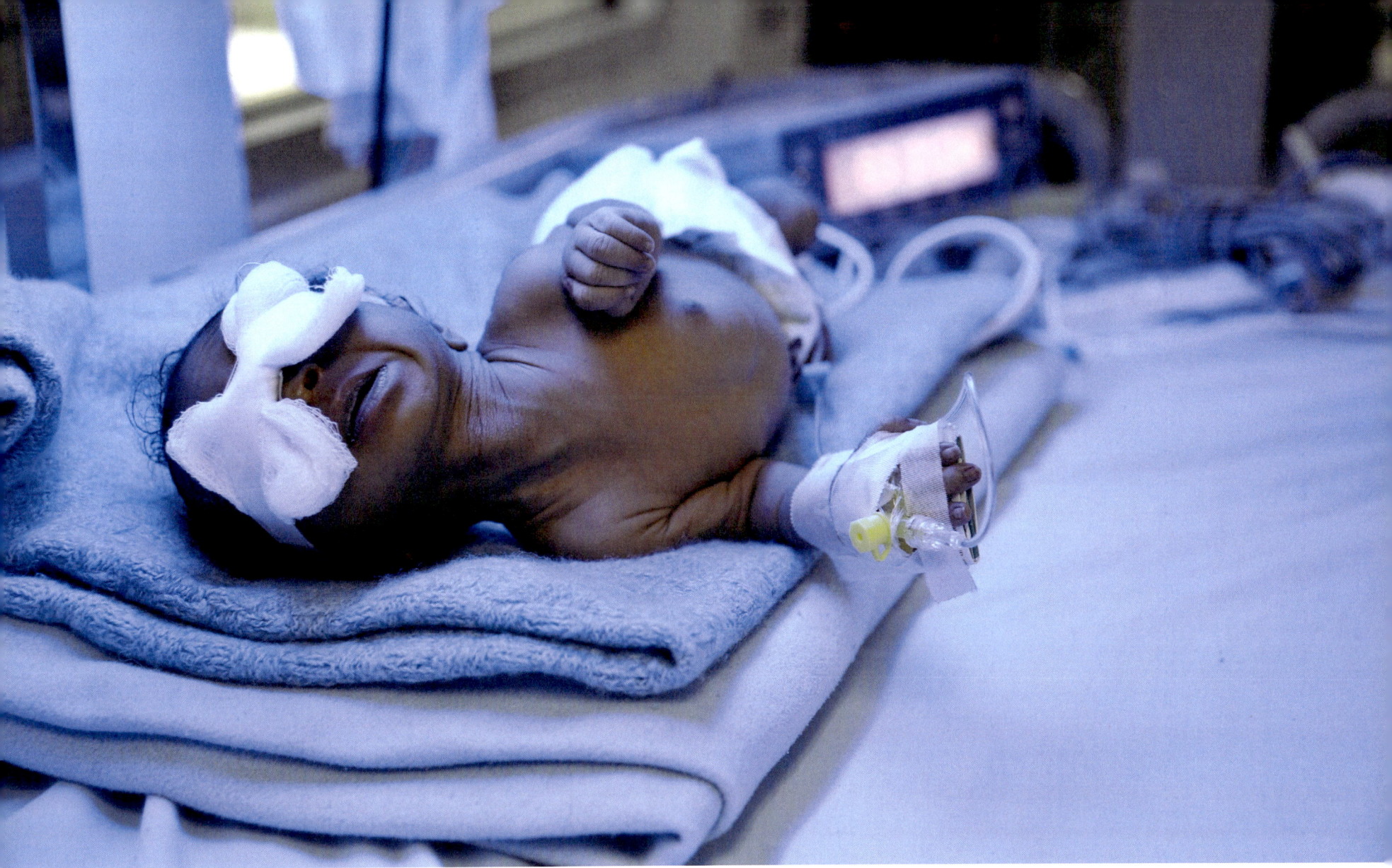

TWO SIDES TO HAITI

PH: "What is the nature of poverty in Haiti?"

LL: "Haiti was devastated by an earthquake. And Haiti was also devastated by bad governance. These so called natural things and selfish human things combine to hurt people by preventing them from being able to have a better life. But the nature of poverty in Haiti is not a simple economic matter. There is accumulated misinformation about Haiti; this contributes to our poverty too. When I talk about how Haiti is painted as a foreign aid community, for example. This image that others have, they give it back and we believe it. But as I have said, even though Haiti is poor it is a great island nation."

"So there are two sides to Haiti. You have an urban area that's over populated, that's over built. And these are... these are results of bad policy in the past. Bad governance. When the farmers left their lands to come to seek jobs in the capital and found no jobs. This poverty is real. You have a very beautiful countryside too. Many beautiful places and many possibilities for tourism and industry. Many resources. And even though we are a poor country we are not poor people. The people and culture of Haiti are wealthy. So we wanted to show another side of Haiti. Because every country has different sides. We are not the only country in the world that's in this situation. We sought to develop the beautiful side of Haiti, the islands, the beaches. For tourism to create jobs. And also to interest business investors. To bring money to the public treasury to reinvest to help the majority of the population. To build hospitals, to build more schools. To build more healthcare centers. To build more community centers."

"We wanted to take advantage of the beauties of Haiti and to fight poverty with these means."

AYITI SE TANKOU 2 KALTE PEYI

PH: "Ki sa ki lakòz mizè ann Ayiti ?"

LL: "Yon tranblemann tè te ravaje Ayiti. Men, move gouvènans te ravaje l tou... Pwoblèm mizè ann Ayiti se pa yon senp pwoblèm ekonomik. Sa yo rele "katastwòf natirèl" ansanm ak koze egoyis, meskinri lakay moun, sa melanje ansanm pou depafini pèp la nan anpeche yo jwenn yon lavi miyò. Pwoblèm mizè ann Ayiti se pa yon senp pwoblèm ekonomik. Gen anpil move ransèyman yo bay tou sou do Ayiti. Dayè, sa se youn nan kòz ki donnen lamizè ann Ayiti. Pa egzanp: fason yo montre Ayiti kòm yon kote ki depann de èd entènasyonal. Imaj sa a lòt peyi genyen an, yo prezante li ban nou e nou kwè l. Men, jan m te di l deja, menm si Ayiti pòv, li se yon gran nasyon."

"Genyen de (2) kalte peyi ann Ayiti, ou gen pati lavil yo ki gen twòp moun k ap viv ladan yo, ki gen konstriksyon pil sou pil. E sa yo... sa yo, se rezilta move politik tan lontan yo, move gouvènans. Lè kiltivatè yo kite tè yo pou yo vin chèche travay nan kapital la, yo pa jwenn travay. Sa se lamizè tout bon. Gen kèk zòn an deyò ki vrèman bèl tou. Gen anpil bèl zòn ak anpil opòtinite pou devlope touris ak endistri, anpil resous. Menm si nou se yon peyi ki pòv, nou pa yon pèp ki pòv. Talan lakay pèp la ak kilti ann Ayiti se gwo richès. Nou te vle montre yon lòt pati ann Ayiti, paske chak peyi gen diferan pati. Nou pa sèl peyi sou latè a ki nan sitiyasyon sa a. Nou chèche devlope bèl pati Ayiti a, zile yo, plaj yo pou touris, pou n ka kreye travay, e pou n entèrese envestisè biznismann yo. Pou nou met lajan nan kès leta, pou nou reyenvesti pou n ede mas pèp la, pou n konstwi lopital, pou n konstwi plis lekòl, pou n konstwi plis sant sante, pou n konstwi plis sant kominòtè."

"Nou te vle pran avantaj bèl zòn sa yo ann Ayiti, pou n konbat lamizè ak mwayen sa yo."

LES DEUX VISAGES D'HAÏTI

PH: «Quelle est la nature de la pauvreté en Haïti ?»

LL: « Haïti a été dévastée par un tremblement de terre. Et Haïti a également été dévastée par la mauvaise gouvernance. Les choses dites naturelles et les choses égoïstement humaines se combinent pour blesser les gens en les empêchant d'aspirer à une vie meilleure. Mais la nature de la pauvreté en Haïti n'est pas une question simplement économique. Il y a une accumulation de désinformation sur Haïti ; ce qui contribue à notre pauvreté aussi. Quand je parle de la façon dont Haïti est dépeinte, comme une communauté dépendante de l'aide étrangère, par exemple, cette image que les autres ont, ils nous la renvoient et nous croyons en elle. Mais comme je l'ai dit, Haïti demeure une grande nation insulaire, malgré sa pauvreté. »

« Donc, Haïti possède deux visages. Vous avez une zone urbaine surpeuplée, sur-construite. Voilà les résultats des mauvaises politiques passées. De la mauvaise gouvernance. Les agriculteurs ont quitté leurs terres pour venir chercher des emplois dans la capitale et n'en ont trouvé aucun. Cette pauvreté est réelle. Vous avez également une très belle campagne. Plusieurs beaux endroits et autant de possibilités pour le tourisme et l'industrie. Beaucoup de ressources. Et même si nous sommes un pays pauvre, nous ne sommes pas des gens pauvres. Les gens et la culture d'Haïti sont riches. Nous voulions donc montrer une autre facette d'Haïti. Parce que chaque pays a différents aspects. Nous ne sommes pas le seul pays au monde à se retrouver dans cette situation. Nous avons cherché à développer le beau côté d'Haïti, les îles, les plages. Pour le tourisme, pour créer des emplois. Et aussi pour intéresser les investisseurs. Pour apporter de l'argent au trésor public, afin de le réinvestir pour aider la majorité de la population. Pour construire plus d'hôpitaux, plus d'écoles. Pour construire plus de centres de santé. Pour construire plus de centres communautaires. »

« Nous voulions mettre à profit les beautés d'Haïti et en faire un moyen de lutte contre la pauvreté. »

LA OTRA CARA DE HAITÍ

PH: "¿Cuál es la naturaleza de la pobreza en Haití?"

LL: "Haití fue devastada por un terremoto. Y Haití fue también devastada por malos gobiernos. Los llamados fenómenos naturales y el egoísmo humano se unen para hacer daño a la gente al impedirle tener una vida mejor. Pero la naturaleza de la pobreza en Haití no es simplemente una cuestión económica. La desinformación acumulada sobre Haití también contribuye a nuestra pobreza. Por ejemplo, cuando hablo de cómo Haití es descrita como una comunidad receptora de ayuda exterior. Las imágenes que los demás se hacen, nos las transmiten y terminamos por creerlas. Pero como he dicho, a pesar de su pobreza, Haití es una gran nación".

"Así que hay dos lados de Haití. Una zona urbana sobrepoblada, de alta densidad que es el resultado de malas políticas del pasado y mala administración, como respuesta a la migración de los agricultores que dejaron sus tierras para ir a la capital para buscar empleos que no encontraron. Esta pobreza es real. Pero hay un campo hermoso, muchos lugares hermosos con grandes posibilidades y muchos recursos para el turismo y la industria. Aunque somos un país pobre no somos gente pobre. El pueblo y la cultura de Haití son una riqueza absoluta. Queríamos mostrar la otra cara de Haití pues todo país tiene diferentes lados y no somos los únicos en esta situación. Hemos tratado de desarrollar ese lado hermoso de Haití, las islas, las playas, para que el turismo cree empleo y atrajera inversionistas y así traer dinero al erario público para su reinversión en la mayoría de la población, para construir hospitales, escuelas, centros de salud y centros comunitarios".

"Queríamos aprovechar las bellezas del país para combatir la pobreza".

Previous pages: A child at an orphanage near Croix-des-Bouquets. Being an orphan in Haiti does not necessarily mean you are without family. More often a child is abandoned to the care of an orphanage or put out on the street to work simply because a family is unable to care for them. Part of the security developments by the Lamothe-led government was to create social safety nets for at-risk children. As part of the PSUGO education project hundreds of street children were placed in safe boarding school environments, many of whom had never lived in any form of secure environment before.

Above, clockwise from top left: 1. View of the old dock at Abaka Bay Resort on Ile-a-Vache. 2. Foreign tourists and guides swim at Blue Basin waterfall near Jacmel 3. French tourist on tiny "Lover's Island" sand atoll off the coast of Ile-a-Vache. 4. Traditional Carnival masks for sale in Jacmel. Next page: 1. Front desk at the new Kinam Hotel in Petionville. 2. Traditional fisherman's house in Cay Coq. 3. Traditional sail boats rest on the shore of Pilante island. 4. Historic downtown Jacmel. Following spread: Beach and old pier at Abaka Bay Resort, Ile-a-Vache.

Haiti was devastated by an earthquake. And Haiti was also devastated by bad governance…
The nature of poverty in Haiti is not a simple economic matter.

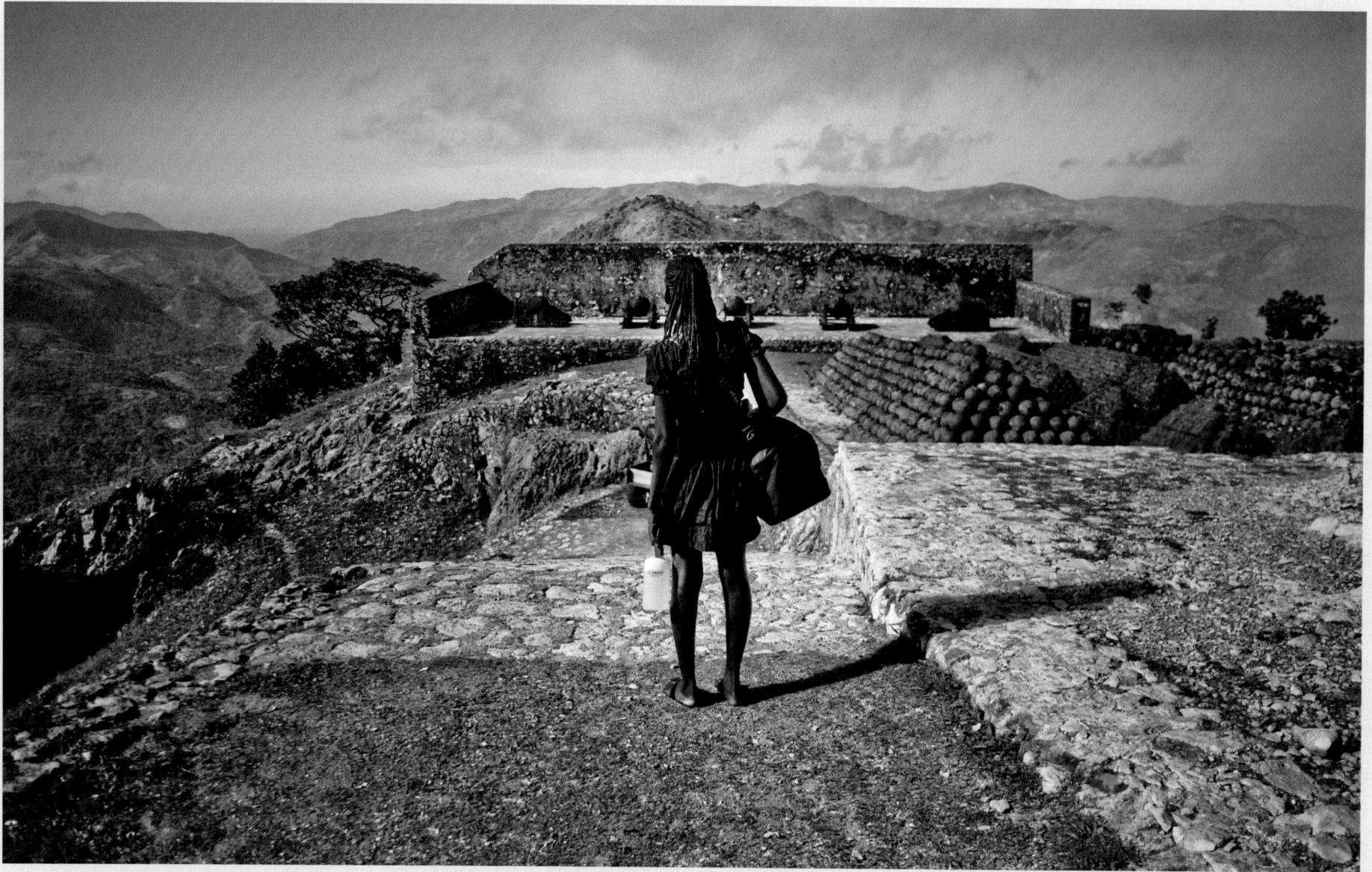

07

—

BUILD

*They say The Citadel is being restored.
But this is not true. The Citadel, like
Haiti herself, is unfinished. Those
workers here are not restoring The
Citadel they are finishing it.*

Previous pages: A young Haitian tourist takes in the high altitude view from an exterior courtyard of The Citadel in Milot. Constructed to guard Haiti's hard won independence, the UNESCO-protected World Heritage site is only one of dozens of such mountaintop wonders still standing in regions across Haiti.

Above: A tourist's porter guides a donkey down the mountain from The Citadel.

THE CITADEL: THE UNFINISHED WORK

South of Cap-Haitian on a mountain high above the village of Milot we arrive at Haiti's most enduring symbol, The Citadel, a sprawling mountaintop fortress made of timber, brick, and stone. Built more than two centuries ago it is the most celebrated castle in Haiti, but not the only fort. These forts occupy mountaintops in almost all regions of the country. Many with cannons and cannon balls still sitting where they were placed the days they were active. These towering ancient castles, the rich African religious culture with its costumes and customs, the hundreds of miles of white sand beaches and islands, are all part of the allure of Haiti that once drew the wealthiest of foreign tourists from Europe and America.

We are here to spend the night. Though closed to the public for overnight stays we will be special guests of the caretaker, Alex. With three generations of his family working at The Citadel Alex, who now holds the keys to the castle, is in a special position to tell us about life at The Citadel.

The Citadel is busy with dozens of workers, all of whom have come here the same way as us, on foot or by donkey. They are building safety rails, improving facilities for visitors, repairing the road. As they wrap up their work and prepare to leave, the mountain clouds pass through the fortress shrouding us in cold and fog. Alex takes us for a tour at dusk before we settle in our bunks.

Alex says people claim The Citadel is undergoing a restoration but really it is just being completed, just like Haiti.

Alex: "My family, since we were born, we found the Citadel here in this country. It's something unexplainable. Magnificent. Today we fight like dogs in Haiti, sometimes living like dogs. But our ancestors... if they had been like that they would never have been able to build this."

The sun has set and clouds have hemmed us in. Walking with Alex through the ancient walls on ancient floors we feel as if we could be walking back in time, except for his flashlight.

Alex: "Henri Christophe built this place... it was after the independence just to chase people [away] who wanted to be in control of [Haiti]. November 18th 1803 we had our independence fight. January 1st 1804 we had a great meeting for the celebration for our independence. The Emperor Jean-Jacques Dessaline was at the front of the revolution... he said all of us as heroes we have to build forts in the mountains in the most beautiful places. That's why the governor Henri chose Milot to build the palace San Souci and [above it] The Citadel. That's how we started the construction in 1806. We took fourteen years just to build the Citadel and the Palace of San Souci. The Palace of San Souci was finished but the Citadel was still unfinished."

Philip: "What year was it completed?"

Alex: "It's unfinished."

Philip: "You have been here since 1981? What was your job in 1981?"

Alex: "I used to carry cement [up the mountain] on my head. All things that we needed here at the Citadel I used to carry them on my head... Because there were a lot of cruise ships coming with a lot of tourists."

Philip: "In 1981 when you were working here were there a lot of tourists?"

Alex: "Yes there used to be a lot of tourists. But after what happened with the President Baby Doc there was a decrease of tourists."

Philip: "Where did the tourists come from?"

Alex: "They used to come from many parts of Europe. They used to take horses just to come up here... I was very young. I didn't use to deal with them. I used to work and carry my stuff on my head. But they used to hang around. They were proud. They had a lot of guides and were taken care of. Many of my friends worked with them. They were mostly the guides. They used to make a lot of money from the tourists."

Philip: "When did you change from being a transporter... what was your next job here?"

Alex: "Just staying here as the gate keeper. I have done that since 1990... That was the time of the embargo. There were no tourists."

Philip: "So you became the gatekeeper at a time tourists stopped coming?"

Alex: "Yes. Since this day I have all the keys in hand and keep working... There were two engineers. Harold was the engineer in charge of it. He was the one who gave me that job... I wasn't doing anything because we were having an embargo here. Even though the money was only a little bit I kept the job until today... what I have I just share with my children. These keys I hold in my hand allowed me to meet a lot of people from many nations."

Philip: "There is a lot of activity here today. There are a lot of people working here repairing and building. As we drove to Milot we saw a lot of new development. Like the new stadium and the work at the Cap-Haitian airport. Even the long road up to the Citadel has repairs taking place... Haiti is a little quieter now... a little more secure... maybe a lot more secure. Are you beginning to see more tourists?"

Alex: "Since this government has been elected, even though there are some people who are complaining about everything, we know this government has been elected by the massive group of people. Since then we started seeing people coming here. Before there were many people who came here to steal. Thieves. So many thieves. But now there is more security. No one stealing cannon balls. Haitians come to see this wonder. They are proud. People from different nations come too. Even for Carnival that took place in the north... The President had so many people came just to participate in the carnival and then people just keep coming to visit."

Philip: "You keep saying this place is not being restored."

Alex: "They say The Citadel is being restored. But this is not true. The Citadel, like Haiti herself, is unfinished. Those workers here are not restoring The Citadel they are finishing it."

Above: Interior of the historic Our Lady of the Immaculate Conception Church in Milot. Sadly the historic church was destroyed by fire in 2020.

Right page: A relic discovered by a tourist on the floor of a room of The Citadel is now on display at The Citadel museum.

Above: View of the mountains leading to Cap Haitian from the high room of The Citadel.

SITADÈL LA : YON TRAVAY KI PA KO FINI

Nan sid Okap, sou yon tèt mòn, anlè tèt vilaj Milo, nou jwenn youn nan patrimwàn Ayiti ki pi ansyen, Sitadèl la, se yon fò ki fèt ak bwa, ak blòk epi ak wòch. Sitadèl la bati depi plis pase 200 lane. Ann Ayiti, se fò sa a ke plis moun konnen. Men, se pa sèl fò ki genyen. W ap jwenn lòt fò prèske nan tout rakwen nan peyi a e anpil ladan yo chita sou tèt mòn. Anpil ladan yo gen kanon ak boulèt kanon ki toujou nan menm plas depi jou yo te itilize yo a. Ansyen gwo fò sa yo, richès relijyon afriken ak tout kostim li, koutim li, santèn kilomèt plaj sab blanch yo, tou sa se patrimwàn ki te konn rale moun vin Ayiti, ki te konn rale touris etranje ann Ewòp epi nan Amerik la, touris ki gen plis mwayen.

Nou isit la pou nou dòmi. Menm si Sitadèl la fèmen lannwit, nou se envite espesyal Alex ki gadyen nan Sitadèl la. Alex rete nan Sitadèl la ansanm avèk twa jenerasyon fanmi l k ap travay nan Sitadèl la. Se Alex ki kenbe kle Sitadèl la kounye a. Li byen plase pou l esplike nou ki jan moun viv nan Sitadèl la.

Nan Sitadèl la, gen plizyè douzèn travayè ki vini menm jan avèk nou, swa a pye, swa sou cheval. Y ap konstwi baryè pou sekirite, y ap amelyore enstalasyon yo pou vizitè yo, y ap repare wout yo. Pandan y ap fin travay pou yo ale, nyaj gentan anvayi fò a epi fredi ak bwouya gaye sou nou. Alex mennen nou al fè yon ti vizit pandan solèy la ap kouche, anvan nou t al dòmi.

Alex di gen moun ki deklare Sitadèl la nan yon faz reparasyon. Men, an reyalite, se travay la k ap fini menm jan ak pwojè bati Ayiti a.

Alex: "Fanmi pa m, depi lè nou fèt, nou jwenn Sitadèl la nan peyi a. Se yon moniman ou pa ka esplike. Se yon mèvèy. Jounen jodi a, n ap goumen tankou chen ann Ayiti. Pafwa, nou viv tankou chen. Men, zansèt nou yo... si se kon sa yo te konn viv, nou pa t ap janm ka konstwi Sitadèl sa a."

Solèy la kouche epi nyaj yo gentan sou nou. Pandan n ap mache avèk Alex bò miray sa yo ki la depi byen lontan, pandan n ap mache sou glasi sa a ki la depi byen lontan, nou santi kòm si nou t ap tounen nan tan lontan sa a. Epi, se flach Alex la sèl ki pa ansyen.

Alex: "Henri Christophe konstwi fò sa a... apre endepandans, pou l ka goumen kont moun ki te vle vin pran kontwòl Ayiti. Batay endepandans nou an te fèt 18 Novanm 1803. Premye Janvye 1804, nou te òganize yon gran rankont pou n selebre endepandans nou. Anperè Jean Jacques Dessalines te nan tèt revolisyon an... Li te di nou tout, kòm ewo, fòk nou konstwi fò nan tèt mòn yo kote ki pi bèl yo. Se sa k fè gouvènè Henri te chwazi Milo pou konstwi palè San Sousi ak Sitadèl la sou tèt li. Se kon sa nou te kòmanse konstriksyon an nan lane 1806. Nou te pran katòz lane pou konstwi Sitadèl la ak palè San Sousi a. Palè San Sousi a te fini. Men Sitadèl la pa t ko fini toujou."

Philip: "Ki lè li te fini ?"

Alex: "Li pa ko fini."

Philip: "Ou isit la depi nan lane 1981 ? Ki travay ou te konn fè nan lane 1981 ?"

Alex: "Mwen te konn pote siman [monte mòn lan] sou tèt mwen. Mwen te konn pote tout bagay nou te bezwen isit la nan Sitadèl la, mwen te konn pote yo sou tèt mwen... paske te konn gen anpil bato kwazyè ki te konn vini ak anpil touris."

Philip: "Lè w t ap travay isit la nan lane 1981, te gen anpil touris?"

Alex: "Wi te konn gen anpil touris ki te konn vini. Men, aprè Bebi Dòk te fin ale, gwoup touris yo te diminye."

Philip: "Ki kote touris sa yo te konn soti ?"

Alex: "Yo te konn soti nan anpil kote nan peyi Lewòp. Yo te konn monte cheval pou yo rive la a... Mwen te jèn anpil. Lè sa a, mwen pa t konn travay ak yo. Mwen te konn fè travay pòtè kote m ap pote afè m sou tèt mwen. Touris yo te konn pran plezi ap pwonmnen. Yo te santi yo fyè. Yo te gen anpil gid ki t ap okipe yo. Anpil nan zanmi m yo te travay ak yo. Pifò ladan yo te gid. Yo te konn te anpil lajan ak touris yo."

Philip: "Ki lè w te chanje travay pòtè a... Ki travay ou te vin genyen isit la apre sa?"

Alex: "Mwen jis rete la kòm gadyen baryè. Mwen kòmanse travay sa a depi an 1990... Se te epòk anbago a. Pa t gen touris."

Philip: "Kon sa ou vin gadyen baryè depi lè touris yo sispann vini?"

Alex: "Wi, depi lè sa a, mwen gen tout kle yo nan men m e m ap travay la a... Te gen de (2) enjenyè. Harold se te enjenyè ki responsab tout bagay. Se li menm ki te ban m travay sa a... Mwen pa t ap fè anyen paske nou te gen anbago isit la. Menm si lajan an te piti, mwen te kenbe travay la jiska jounen jodi a... Sa m genyen, mwen pataje l ak pitit mwen yo. Kle sa yo mwen kenbe nan menm nan, yo pèmèt mwen rankontre anpil moun ki soti nan plizyè nasyon."

Philip: "Gen anpil aktivite isit la jodi a. Gen anpil moun k ap travay, k ap repare epi k ap konstwi. Pandan nou t ap kondui pou n vin Milo, nou te wè anpil lòt nouvo devlopman tankou nouvo estad la ak travay nan ayewopò Okap la. Menm nan wout monte rive nan Sitadèl la gen reparasyon k ap fèt... Ayiti yon ti jan poze kounye a... yon ti jan pi an sekirite... petèt li plis an sekirite... Èske w kòmanse wè plis touris?"

Alex: "Depi gouvènman sa a fin pran pouvwa a, menm si gen moun k ap plenyen pou tout bagay, nou konnen se mas pèp la ki te bay gouvènman an pouvwa a. Depi lè sa a, nou te kòmanse wè moun ap vin isit la. Anvan sa, anpil moun te konn vini pou yo vòlè. Vòlè. Anpil vòlè. Men, gen plis sekirite kounye a. Moun pa vòlè boulèt kanon yo ankò. Ayisyen yo vin wè mèvèy sa a. Yo fyè. Moun ki soti nan diferan nasyon yo vini tou. Yo menm vini pou kanaval la ki te fèt nan nò a... Prezidan an te tèlman fè moun vin patisipe nan kanaval, epi moun yo toujou ap vin vizite."

Philip: "Ou plede ap di se pa repare y ap repare kote sa a."

Alex: "Yo di y ap repare Sitadèl la. Men, se pa vre. Sitadèl la menm jan ak Ayiti, ki pa ko janm fin bati. Travayè sa yo pa la pou yo repare Sitadèl la. Se fini y ap fini travay la."

Above: Cannons in The Citadel.

Right page: Keeper of the keys, Alex, reveals a new restoration project being undertaken at The Citadel.

Above: View toward Cap-Haitian from the top of The Citadel.

LA CITADELLE : L'OUVRAGE INACHEVÉ

Au sud du Cap-Haïtien, sur une haute montagne surplombant le village de Milot, nous arrivons au symbole le plus durable d'Haïti : la Citadelle, une vaste forteresse faite de bois, de brique et de pierre. Construite il y a plus de deux siècles, elle représente le plus célèbre château d'Haïti, mais non pas le seul fort du pays. Ces forts se dressent aux sommets de presque toutes les régions du pays. On retrouve encore plusieurs canons et boulets aux endroits mêmes où on les utilisait autrefois. Ces imposantes fortifications, la riche culture religieuse africaine avec ses costumes et ses coutumes, les centaines de kilomètres de plages et les îles de sable blanc, contribuent tous au charme d'Haïti qui attirait autrefois les plus riches touristes étrangers en provenance d'Europe et d'Amérique.

Nous allons passer la nuit à la Citadelle. Bien qu'elle soit fermée au public la nuit, nous sommes les invités spéciaux du gardien, Alex. Sa famille travaille à la Citadelle depuis trois générations et Alex, qui détient les clefs du château, est particulièrement bien placé pour nous raconter la vie dans les murs de cette ancienne fortification.

La Citadelle abrite des dizaines de travailleurs qui s'y rendent tous de la même manière que nous, à pied ou à dos d'âne. Ils construisent des rambardes, améliorent les installations pour les visiteurs et réparent la route. Alors qu'ils terminent leur travail et se préparent à partir, les nuages de montagne traversent la forteresse, nous enveloppant dans le froid et le brouillard. Alex nous convie à une visite au crépuscule, avant que nous nous installions dans nos couchettes.

Il nous apprend que la Citadelle n'est pas vraiment en cours de restauration, contrairement à ce que prétendent les gens, mais qu'on est plutôt en train de l'achever, tout comme Haïti.

Alex: « Ma famille, depuis notre naissance, nous avons trouvé la Citadelle là où elle se trouve. C'est quelque chose d'inexplicable. Magnifique. Aujourd'hui, nous nous battons entre nous comme des chiens, vivant parfois comme des chiens. Mais nos ancêtres ... s'ils avaient été comme ça, ils n'auraient jamais été capables de construire ça. »

Le soleil s'est couché, les nuages nous ont cernés. En marchant avec Alex entre ces murs anciens, sur les vieux planchers, nous aurions presque l'impression de nous retrouver à une autre époque, si ce n'était de sa lampe de poche.

Alex: « Henri Christophe a construit cet endroit... c'était après l'indépendance, dans l'unique but de chasser les étrangers qui voulaient contrôler [Haïti]. Le 18 novembre 1803, nous avons remporté notre combat pour l'indépendance. Le 1er janvier 1804, nous avons tenu une grand rassemblement pour célébrer notre indépendance. L'Empereur Jean-Jacques Dessalines était alors à la tête de la révolution... il a déclaré que nous devions tous, en tant que héros, construire des forts dans les montagnes, dans les plus beaux endroits. Voilà pourquoi le gouverneur Henri a choisi Milot pour construire le palais Sans-Souci et la Citadelle, juste au-dessus. Voilà comment nous avons commencé la construction en 1806. Il nous a fallu quatorze ans pour construire la Citadelle et le Palais Sans-Souci. Le Palais est terminé, mais la Citadelle demeure inachevée. »

Philip: « En quelle année l'a-t-on achevée ? »

Alex: « Elle est inachevée. »

Philip: « Vous êtes ici depuis 1981 ? Que faisiez-vous comme travail en 1981 ? »

Alex: « Je transportais du ciment [en haut de la montagne] sur ma tête. Toutes les choses dont nous avions besoin ici, à la Citadelle, je les transportais sur ma tête... Parce que de nombreux bateaux de croisière amenaient une foule de touristes. »

Philip: « En 1981, quand vous travailliez ici, y avait-il beaucoup de touristes ? »

Alex: « Oui, un grand nombre. Mais après la chute du Président Baby Doc, leur nombre a diminué. »

Philip: « D'où venaient donc ces touristes ? »

Alex: « Ils venaient de tous les coins de l'Europe. Ils avaient coutume de prendre des chevaux juste pour venir ici... J'étais très jeune. Je ne traitais pas avec eux. Je travaillais et je transportais mes trucs sur ma tête. Mais ils traînaient dans les environs. Ils étaient fiers. Ils avaient plusieurs guides et on s'occupait d'eux. Beaucoup de mes amis travaillaient avec eux. Ils étaient guides pour la plupart. Ils gagnaient beaucoup d'argent grâce aux touristes. »

Philip: « Quand avez-vous cessé d'être porteur ? Qu'avez-vous fait ensuite comme travail ici ? »

Alex: « Je suis simplement resté ici en tant que gardien. C'est ce que je fais depuis 1990... C'était au moment de l'embargo. Il n'y avait pas de touristes. »

Philip: « Alors, vous êtes devenu gardien au moment où les touristes ont cessé de venir ? »

Alex: « Oui. Depuis ce jour, j'ai toutes les clés en main et je continue à travailler... Il y avait deux ingénieurs. Harold était l'ingénieur responsable. C'est lui qui m'a donné ce travail... Je ne faisais rien à cause de l'embargo. Même si je ne gagnais pas beaucoup d'argent, j'ai gardé ce travail jusqu'à aujourd'hui... ce que je gagne, je le partage avec mes enfants. Ces clés que je tiens dans ma main m'ont permis de rencontrer beaucoup de gens de plusieurs nations. »

Philip: « Il y a pas mal d'activités ici aujourd'hui. Beaucoup de gens travaillent, réparent et construisent. En roulant vers Milot, nous avons vu de nouvelles infrastructures de développement. Comme le nouveau stade et les travaux à l'aéroport de Cap-Haïtien. On effectue présentement des réparations sur la longue route menant jusqu'à la Citadelle... Haïti est un peu plus calme maintenant... un peu plus sûre... peut-être même beaucoup plus sûre. Commencez-vous à voir plus de touristes ? »

Alex: « Il y a des gens qui se plaignent de tout, mais nous savons que ce gouvernement a été élu par la majorité. Depuis son élection, les gens ont recommencé à venir ici. Avant, plusieurs venaient ici pour voler. Des voleurs, beaucoup de voleurs. Mais maintenant, c'est plus sécuritaire. Personne ne vole les boulets de canon. Les Haïtiens viennent pour voir cette merveille. Ils en sont fiers. Les visiteurs de différents pays viennent aussi. Même pour le Carnaval qui a eu lieu dans le nord... Le président avait invité tant de gens qui sont venus juste pour participer au Carnaval et puis les gens continuent à venir visiter. »

Philip: « Vous persistez à dire que ce lieu n'est pas en cours de restauration. »

Alex: « Ils disent que la Citadelle est en cours de restauration. Mais ce n'est pas vrai. La Citadelle, comme Haïti elle-même, demeure inachevée. Ces travailleurs ne restaurent pas la Citadelle, ils la terminent... »

Above: Steps to "heaven" on the roof of The Citadel.

Right page: Ancient cannon in the Citadel.

Above: Workers conduct maintenance on an outer wall of The Citadel.

LA CIUDADELA: OBRA INCONCLUSA

Al sur de Cabo Haitiano, en una montaña que domina el pueblo de Milot, llegamos al símbolo más perdurable de Haití, La Ciudadela, una fortaleza de madera, ladrillo y piedra en la cima de la montaña. Construida hace más de dos siglos, es la fortaleza más famosa del país pero no la única. Se construyeron muchas en las cimas de las montañas en casi todas las regiones del país y sus cañones y balas todavía están en el mismo lugar. Esos imponentes fuertes antiguos, la rica cultura religiosa africana con sus trajes y costumbres, los cientos de kilómetros de playas de arena blanca e islas constituyen parte del encanto de Haití que antes atraía a los turistas más ricos de Europa y América.

Pasaremos la noche aquí. Aunque está cerrada al público seremos los invitados especiales de Alex, el celador. Tres generaciones de su familia han trabajado en La Ciudadela. Ahora, Alex es quien tiene las llaves del castillo y está en una posición privilegiada para contarnos sobre la vida La Ciudadela.

Docenas de obreros están trabajando y todos llegaron igual que nosotros a pie o a lomo de burro. Están construyendo barandas, mejorando las instalaciones para los visitantes y reparando la carretera. A medida que terminan su jornada y se preparan para bajar, las nubes cubren la fortaleza envolviéndonos en frío y niebla. Al caer la noche, Alex nos lleva a hacer un recorrido antes de instalarnos en nuestras literas.

Según Alex, la gente dice que La Ciudadela está en un proceso de restauración pero en realidad están más bien trabajando en su terminación, igual que el país.

Alex: "Toda mi familia, desde que nacimos, hemos visto La Ciudadela en este país. Es algo inexplicable. Grandioso. Hoy en Haití nos peleamos como perros y a veces vivimos como perros. Pero si nuestros antepasados hubieran actuado así no hubieran podido construirla".

El sol se ha puesto y las nubes nos han rodeado. Caminando con Alex a través de las vetustas murallas y sobre los pisos antiguos sentimos como si pudiéramos regresar al pasado, excepto por su linterna.

Alex: "Henri Christophe construyó este lugar...Fue después de la independencia para repeler a la gente que quería dominar a Haití. El 18 de noviembre de 1803 fue la batalla por la independencia y el Primero de enero de 1804 celebramos nuestra independencia. El Emperador Jean-Jacques Dessalines dirigió la revolución. Nos dijo que todos nosotros como héroes teníamos que construir fuertes en los lugares más bellos de las montañas. Es por eso que el gobernador Henri eligió a Milot para construir el palacio de Sans Souci y [arriba] La Ciudadela. Así en el 1806 se iniciaron las obras que duraron 14 años. El Palacio de Sans Souci se terminó pero La Ciudadela sigue inacabada".

Philip: "¿En qué año se terminó?"

Alex: "Está inacabada".

Philip: "¿Ha estado aquí desde el año 1981? ¿Cuál era su trabajo en 1981?"

Alex: "Cargaba sacos de cemento en la cabeza [montaña arriba]. Todo lo que necesitábamos arriba en La Ciudadela lo cargaba en mi cabeza... Porque había muchos cruceros que venían llenos de turistas".

Philip: "¿En 1981 cuando trabajaba aquí venían muchos turistas?"

Alex: "Sí, muchos. Pero después de lo que pasó con el presidente Baby Doc disminuyó el número de turistas".

Philip: "¿De dónde venían los turistas?"

Alex: "Venían de muchas partes de Europa. Subían a caballo hasta aquí. Yo era muy joven. No trataba con ellos. Yo trabajaba y cargaba mis cosas sobre la cabeza. Pero ellos andaban por aquí. Eran orgullosos. Tenían muchos guías y los atendían bien. La mayoría de mis amigos hacía ese trabajo y ganaban buen dinero".

Philip: "¿Cuándo dejó de cargar cosas? ¿En qué trabajó después?"

Alex: "Aquí, de celador, desde el año 1990. Esa fue la época del embargo. No había turistas".

Philip: "¿Entonces empezó como celador justo cuando los turistas dejaron de venir?"

Alex: "Así fue. Desde ese día guardo todas las llaves y sigo trabajando... Dos ingenieros trabajaban aquí. Harold era el ingeniero a cargo de la obra. Él fue quien me dio ese trabajo... no estaba haciendo nada a causa del embargo en el país. A pesar de que el dinero era poco me quedé en el trabajo hasta hoy... lo que tengo lo comparto con mis hijos. Estas llaves que tengo en mi mano me han permitido conocer a mucha gente de varias naciones".

Philip: "Hay mucha actividad hoy. Mucha gente trabajando en reparar y construir. Camino a Milot vimos mucha construcción nueva, como el nuevo estadio y las obras del aeropuerto de Cabo Haitiano. Incluso están reparando la carretera que lleva a La Ciudadela... Haití es un poco más tranquilo ahora... un poco más seguro... tal vez mucho más seguro. ¿Está comenzando a ver más turistas?"

Alex: "Desde la elección de este gobierno, a pesar de que algunas personas se quejan de todo, sabemos que ha sido electo por una gran parte del pueblo. Desde entonces empezamos a ver gente llegar. Antes venían muchas personas aquí para robar; ladrones, muchos. Pero ahora hay más seguridad. Nadie se roba las balas de cañón. Los haitianos vienen a ver esta maravilla. Se sienten orgullosos. Personas de diferentes naciones vienen también. Incluso durante el carnaval que se realizó aquí en el norte... El presidente trajo a tanta gente sólo para participar en el carnaval y la gente sigue viniendo a visitar".

Philip: "Usted repite que este lugar no está siendo restaurado".

Alex: "Dicen que están reconstruyendo La Ciudadela pero esto no es cierto. La Ciudadela, como Haití, está sin terminar. Esos trabajadores no están restaurando La Ciudadela sino terminándola".

Above: Alex, a third generation worker at The Citadel and keeper of the keys poses by one of the many ancient cannons being reconditioned at the UNESCO site.

Right page: View of the front of The Citadel from the ancient soldiers' quarters.

08
—
GO BEYOND

LISTENING TO THE LISTENER

PH: "If listening has been fundamental to you learning how to govern, what would you say to those listening to you now?"

LL: "I felt Haiti was on the verge of doing things that have never been done before. And I feel that we really had the chance to make this place better. And we started to do so. Unfortunately we had to stop. Today is very disappointing. Some of the development work is stopped for no reason. And there is money. It's just a lack of follow-up. A lack of will. In between are special interests and traditional politicians. People who only care about going into politics to enrich themselves and who have no interest whatsoever in the welfare of Haitians; of the mother of three that cannot send her kids to school; of the carpenter who doesn't have enough money to buy food for his family; the silent majority. The politicians and special interests are not saying enough about the plight of the silent majority."

"People need to have the courage to stand up and not be punished or injured for it. Both those with means and those without, standing together. But people cannot stand up in the old ways. I don't believe in burning tires. I don't believe in killing people. I believe in non-violence and I believe there is a silent majority in Haiti who agree that we've seen too much rioting and disruption. Among the wealthy and the poor and those in between, I believe a majority of Haitians want things to be different but have been afraid to speak."

PH: "Do you think Haiti can change in a way that serves the poor and the oppressed without punishing those who have means and wealth?"

LL: "We have had too many revolutions. What has it given the country except that the country has been literally devastated from inside out?

AN NOU KOUTE MOUN SA YO K AP KOUTE NOU

PH: "Si koute te nesesè pou ou nan aprann kòman pou w gouvène, ki sa w ta di moun k ap koute w kounye a?"

LL: "Mwen te santi Ayiti te sou wout pou fè kichòy ki pa t janm fèt anvan, e mwen santi nou te vrèman gen chans pou n fè l pi byen. Nou te kòmanse fè sa. Malerezman, nou te oblije kanpe nan wout. Jodi a, sa vrèman dekourajan. Gen plizyè travay devlopman ki kanpe san rezon. E gen lajan. Men, se suivi yo ki manke. Manke volonte. Sa ki genyen se enterè pèsonèl epi politisyen tradisyonèl. Se moun ki sèlman antre nan politik pou yo fè anpil lajan pou pwòp tèt yo epi se moun ki pa gen pyès enterè pou byennèt pèp Ayisyen an, pou yon manman twa pitit ki pa ka voye pitit li yo lekòl, pou yon bòs chapant ki pa gen ase lajan pou l achte manje pou fanmi l, pou majorite sa a ki pa gen lapawòl. Politisyen sa yo k ap defann enterè pèsonèl pa yo pa di ase sou mizè majorite sa a ki pa gen lapawòl."

"Fòk nou gen kouraj pou n leve kanpe san yo pa pini nou oswa blese nou pou sa. Ni sa ki gen mwayen, ni sa ki ki pa gen mwayen, nou dwe leve ansanm. Sepandan, fòk nou abandone pratik ansyen yo... Mwen pa kwè nan boule kawotchou. Mwen pa kwè nan touye moun. Mwen kwè nan non-vyolans. E mwen kwè gen yon majorite Ayiti ki pa pale, menm si yo rekonèt ke nou te wè twòp deblozay ak briganday nan peyi a. Ant moun rich yo ak moun pòv yo ak sa yo ki nan mitan rich ak pòv, mwen kwè majorite Ayisyen vle pou reyalite a chanje. Men, yo pè pale.

PH: "Èske w panse Ayiti ka chanje yon fason ki ka itil moun ki pòv ansanm ak moun y ap esplwate, yon fason ki p ap penalize moun ki gen lajan ak gwo mwayen?"

LL: "Nou te gen twòp revolisyon. Ki sa sa fè pou peyi a? Sa ravaje peyi a depi nan nannan

ECOUTER CELUI QUI EST À L'ÉCOUTE

PH: « Si l'écoute est fondamentale pour vous apprendre à gouverner, que diriez-vous à ceux qui vous écoutent maintenant ? »

LL: « Je sentais qu'Haïti était sur le point de faire des choses qui n'avaient jamais été faites auparavant. Je pense que nous avons vraiment eu la chance de rendre cet endroit meilleur. Et nous avons commencé à le faire. Malheureusement, nous avons dû arrêter. C'est très décevant aujourd'hui. Une partie du travail de développement s'est arrêté sans raison. Et il y a de l'argent. Il y a simplement un manque de suivi. Un manque de volonté. Entre les deux, des intérêts particuliers et des politiciens traditionnels. Les gens qui n'entrent en politique que pour s'enrichir et qui ne s'intéressent pas au bien-être des Haïtiens ; à la mère de trois enfants qui ne peut les envoyer à l'école ; au charpentier qui n'a pas assez d'argent pour nourrir sa famille ; à la majorité silencieuse. Les politiciens et les intérêts particuliers ne parlent pas assez du sort de la majorité silencieuse. »

« Les gens doivent avoir le courage de se défendre sans être punis ou blessés. Autant ceux qui ont des moyens que les démunis, debout ensemble. Mais les gens ne peuvent pas se défendre comme ils le faisaient auparavant. Je ne crois pas que brûler des pneus soit une solution. Je ne crois pas en l'assassinat des gens. Je crois en la non-violence et je crois qu'une majorité silencieuse en Haïti s'accorde sur le fait que nous avons vu trop d'émeutes et de perturbations. Parmi les riches et les pauvres et les gens entre les deux, je crois qu'une majorité d'Haïtiens veulent du changement, mais qu'ils ont peur de s'exprimer. »

PH: « Pensez-vous qu'Haïti peut changer de manière à servir les pauvres et les opprimés sans pour autant punir ceux qui ont les moyens et la richesse ? »

LL: « Nous avons eu trop de révolutions.

ESCUCHAR A QUIEN ESCUCHA

PH: "Si escuchar ha sido fundamental para aprender a gobernar, ¿qué le diría a quienes le escuchan ahora?"

LL: "Sentí que Haití estaba a punto de realizar cosas nunca antes hechas. Y siento que realmente tuvimos la oportunidad de mejorar este lugar. Y empezamos a hacerlo. Por desgracia, tuvimos que parar. Hoy en día es muy decepcionante. Algunos de los trabajos se detienen sin razón. Y hay dinero. Es sólo una falta de seguimiento, falta de voluntad. En el medio están los intereses particulares y los políticos tradicionales. Gente que se mete en la política para enriquecerse y que no tienen interés alguno en el bienestar de los haitianos; en la madre que no puede enviar a sus tres hijos a la escuela; en el carpintero que no tiene suficiente dinero para comprar comida para su familia; la mayoría silenciosa. Los políticos y los intereses particulares no hablan sobre la difícil situación de la mayoría silenciosa".

"La gente tiene que tener el coraje de levantarse sin ser castigado o herido. Levantarse juntos los que tienen los medios y los que carecen de ellos. Pero la gente no puede hacerlo como antes. Yo no creo en la quema de neumáticos. Yo no creo en matar gente. Creo en la no-violencia y creo que hay una mayoría silenciosa en Haití que está de acuerdo en que hemos visto demasiados disturbios y desórdenes. Entre los ricos, los pobres y los que están en el medio, creo que la mayoría de los haitianos quiere que las cosas sean diferentes pero han tenido miedo a hablar".

PH: "¿Cree que Haití puede cambiar de forma que sirva a los pobres y oprimidos sin castigar a aquellos que tienen los medios y la riqueza?"

LL: "Hemos tenido demasiadas revoluciones. ¿Acaso le han aportado al país algo más que

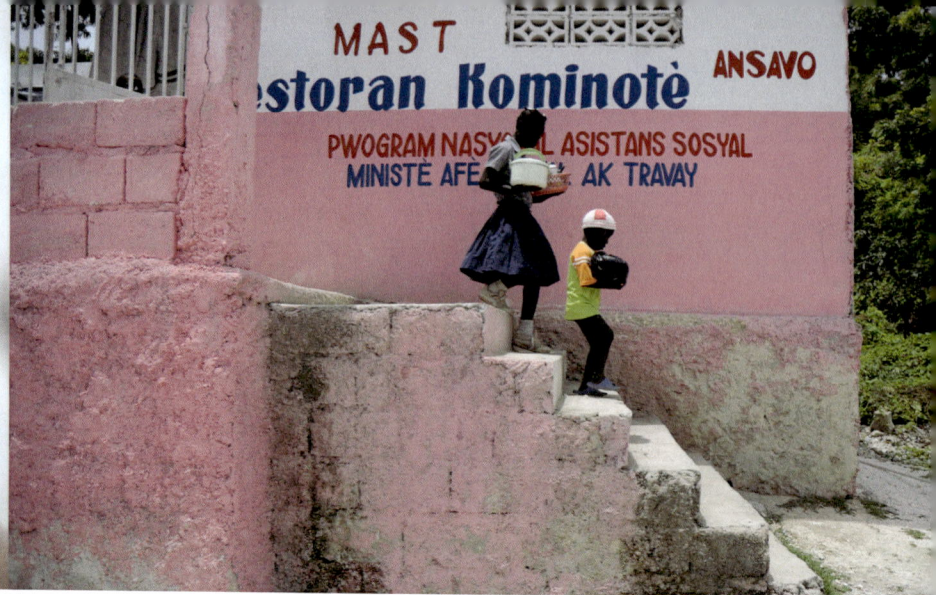

People on their knees because of the constant revolution. That's always a problem in Haiti. People need to stand up but with the dignity and respect they already possess."

"One of the reasons why there is violence in neighborhoods is because of lack of listening by the leaders and also poverty. So this is why we tried to bring a different approach, why we tried to make a small difference in the poorest neighborhoods in Haiti. We fought hunger aggressively all over the country. We put in community restaurants. We fought against social exclusion and inequality by having different conditional cash transfers. We wanted to lead differently and we wanted certainly to show to the world and to ourselves that we need to take care of one another, we need to break from the division and class warfare we have had and really understand that if we as Haitians will not take care of ourselves no one else will do it for us. And as such we wanted to serve the poor, the oppressed, and make those with the wealth understand that investing in the country instead of sending their capital abroad will actually help them. Because a more prosperous Haiti helps every Haitian. Not only the poor, it helps also those that do have the means."

li. Moun sou jenou akoz revolisyon ki toujou ap fèt. Sa se toujou yon pwoblèm ann Ayiti. Moun yo dwe leve kanpe. Men, yo dwe fè sa nan diyite ak respè ki deja nan yo."

"Youn nan rezon ki fè gen vyolans nan katye yo se paske lidè yo manke koute epi gen pwoblèm lamizè tou. Se sa k fè nou te eseye pote yon apwòch diferan, se sa k fè nou te eseye fè yon ti diferans nan katye sa yo ki pi pòv ann Ayiti. Nou te goumen kont grangou ak tout fòs nou, nan tout peyi a. Nou te mete restoran kominotè. Nou te mete sou pye diferan pwogram kondisyonèl transfè lajan pou nou goumen kont esklizyon sosyal ak inegalite. Nou te vle dirije yon fason diferan epi nou te vle montre lemonn ak tèt nou tou jan youn dwe pran ka lòt. Nou dwe kase chèn divizyon ak ensekirite sosyal nou te genyen. Nou dwe konprann si nou menm Ayisyen, si n pa okipe tèt nou, pa gen lòt moun k ap fè sa pou nou. Se kon sa nou te vle ede pòv yo, moun y ap esplwate, epi fè moun ki rich yo konprann pou yo envesti nan peyi a pase pou voye lajan yo aletranje. Se sa k ap ede yo, paske yon Ayiti ki pi rich ap ede tout Ayisyen, pa sèlman pòv yo. Yon Ayiti ki pi rich ap ede moun sa yo tou ki gen mwayen."

"Se jis yon kesyon chache fè inite pou yon

Qu'ont-elles apporté au pays, si ce n'est carrément une dévastation de l'intérieur ? Les gens sont à genoux à cause d'une révolution constante. C'est un problème chronique en Haïti. Les gens ont besoin de se défendre, mais avec la dignité et le respect qu'ils possèdent déjà. »

« Le manque d'écoute de la part des dirigeants et la pauvreté figurent parmi les causes de la violence dans les quartiers. C'est pourquoi nous avons essayé d'adopter une approche différente, nous avons tenté de faire une petite différence dans les quartiers les plus pauvres d'Haïti. Nous nous sommes battus agressivement contre la faim partout dans le pays. Nous avons mis en place des restaurants communautaires. Nous nous sommes battus contre l'exclusion sociale et l'inégalité par différents transferts monétaires conditionnels. Nous voulions diriger différemment et nous voulions certainement montrer au monde entier et à nous-mêmes que nous devons prendre soin les uns des autres, nous avons besoin de rompre avec la division et la guerre de classes que nous avons subies, et comprendre vraiment que si nous, les Haïtiens, ne prenons pas soin de nous-mêmes, personne d'autre ne le fera pour nous. En tant que tel, nous voulions servir les pauvres, les opprimés, et faire

ser devastado desde dentro? La gente aplastada a causa de la revolución permanente. Es el problema de siempre en Haití. La gente tiene que ponerse de pie pero con la dignidad y el respeto que ya poseen".

"En los barrios hay violencia porque los líderes no escuchan y por la pobreza. Por eso intentamos un enfoque diferente, un cambio pequeño en los barrios más pobres de Haití. Luchamos agresivamente contra el hambre en todo el país. Pusimos comedores comunitarios. Luchamos contra la exclusión social y la desigualdad con la creación de transferencias de dinero condicionadas. Quisimos gobernar de manera diferente y mostrar al mundo y a nosotros mismos que necesitamos cuidarnos los unos a los otros, dejar atrás la división y la lucha de clases del pasado y realmente entender que si nosotros como haitianos no lo hacemos, nadie lo hará por nosotros. Y como tal hemos querido servir a los pobres, a los oprimidos y hacer que los ricos entiendan que invirtiendo su capital en el país, en vez de enviarlo al extranjero, los beneficiará a ellos mismos. Un Haití más próspero ayuda a todos los haitianos. No sólo a los pobres sino también a aquellos que poseen los medios".

I believe there is a silent majority in Haiti who agree that we've seen too much rioting and disruption. Among the wealthy and the poor and those in between, I believe a majority of Haitians want things to be different but have been afraid to speak.

Previous pages: A man inspects a turbine at the Lake Peligre hydro plant prior to a major plant overhaul.

From left to right: A woman in a tent camp demonstrates the use of natural Haitian saffron as a cosmetic in Croix Bouquets; Children receive lunch at an Ede Pep restaurant in Petit-trou-de-Nippes; PSUGO workers use tablets outfitted with specialized software developed to track personnel and funds for the PSUGO project.

"So it's just the question of uniting people around this same interest. Uniting people in terms of a common goal and a common fight. Our fight is not with one another. We are on this island together. This is our home. And the fight is to change the lives of the Haitian people—our lives. And it's good for everybody whether Haitians, American, or whatever country you are from. Having a stronger Haiti, a more prosperous Haiti, having a more educated population, having a population that's investing in our agriculture… that's good policy that will help Haiti and ultimately help all the donors to Haiti and everyone that wants to see Haiti get better. But mostly it's about us caring for each other. We are in this together and we must accept this."

"So that's my philosophy. It's uniting everyone around a cause. It is helping the less fortunate and encouraging the rich to do so and in showing them it is in their best interest in having a more stable and prosperous Haiti."

menm enterè. Rasanble moun pou n reyalize menm objektif, pou n mennen menm batay la. Batay nou an se pa goumen youn ak lòt. Nou sou menm zile a. Se lakay nou. Batay la se pou n chanje lavi pèp Ayisyen an, lavi pa nou. Sa enpòtan pou tout moun mete tèt ansanm, e sa ap bon pou tout moun kit ou se Ayisyen, kit ou se Ameriken, kit ou soti nan nenpòt peyi. Lè sa a, w ap gen yon Ayiti ki pi fò, yon Ayiti ki pi rich. W ap gen yon popilasyon ki pi edike, w ap gen yon popilasyon k ap envesti nan agrikilti nou an… Sa se yon bon politik k ap ede Ayiti e k ap finalman ede moun sa yo k ap ede Ayiti, e tout moun sa yo ki vle pou Ayiti vin miyò. Men, sa pral depann sitou de nou k ap swen youn lòt. Nou sou menm bato a e fòk nou asepte sa."

"Sa se filozofi pa m. Se mete tout moun nan tèt ansanm pou yon sèl kòz. Se ede moun pòv sa yo ki gen ti mwayen piti yo. Epi se ankouraje rich yo pou yo fè sa tou. Epi se montre moun rich yo ke sa plis nan enterè yo pou n genyen yon Ayiti ki pi estab e ki ka fè pwogrè."

comprendre aux riches qu'au lieu d'envoyer leurs capitaux à l'étranger, le fait d'investir dans le pays leur sera bénéfique. Parce qu'une Haïti plus prospère est profitable à chaque Haïtien. Non seulement aux pauvres, mais également à ceux qui ont les moyens. »

« Donc, il est tout simplement question d'unir les gens autour de ce même intérêt. Unir les gens autour d'un objectif commun et d'une lutte commune. Notre combat n'est pas les uns contre les autres. Nous sommes sur cette île ensemble. Nous y sommes chez nous. Et la lutte consiste à changer la vie du peuple haïtien – nos vies. Et cela bénéficiera à tous, Haïtiens, Américains, quel que soit votre pays d'origine. Avoir une Haïti plus forte, une Haïti plus prospère, avec une population plus instruite qui investit dans notre agriculture… voilà une bonne politique qui aidera Haïti de même que tous les bailleurs de fonds au pays et tous ceux qui veulent voir Haïti se développer. Mais surtout, il s'agit de nous occuper de l'autre. Nous sommes dans le même bateau et nous devons accepter cela. »

« Voilà ma philosophie. Unir tout le monde autour d'une même cause. Aider les moins fortunés et encourager les riches à le faire, en leur montrant qu'il est dans leur intérêt d'avoir une Haïti plus stable et plus prospère. »

"Se trata de unir a la gente en torno a este mismo interés, en términos de un objetivo común y una lucha común. Nuestra lucha no es el uno contra el otro. Estamos juntos en esta isla. Es nuestra casa. La lucha es para cambiar la vida de los haitianos, nuestras vidas. Y eso beneficia a todos, sean haitianos, estadounidenses o de cualquier país. Un Haití más fuerte, más próspero, una población más educada que invierte en nuestra agricultura, esas son buenas políticas públicas que ayudarán a Haití y, al final, redundarán en beneficio de las naciones e individuos donantes y de todos los que quieren ver progreso en Haití. Pero sobre todo se trata de que los haitianos nos cuidemos los unos a los otros. Este es nuestro destino común y tenemos que aceptarlo".

"Esa es mi filosofía. Unir a todos en torno a una causa. Se trata de ayudar a los menos afortunados y alentar a los ricos para acometerlo al mostrarles que a ellos les interesa que Haití sea más estable y próspero".

09

—

REFLECT

THE HANDS OF THE PRIME MINISTER MINISTERING

A PERSONAL REFLECTION-PHILIP HOLSINGER

SA SE MEN PREMYE MINIS LA K AP EDE

YON REFLEKSYON PÈSONÈL-PHILIP HOLSINGER

LES MAINS D'UN PREMIER MINISTRE DÉVOUÉ

UNE RÉFLEXION PERSONNELLE – PHILIP HOLSINGER

LAS MANOS DEL PRIMER MINISTRO EJERCIENDO EL MINISTERIO

UNA REFLEXIÓN PERSONAL DE PHILIP HOLSINGER

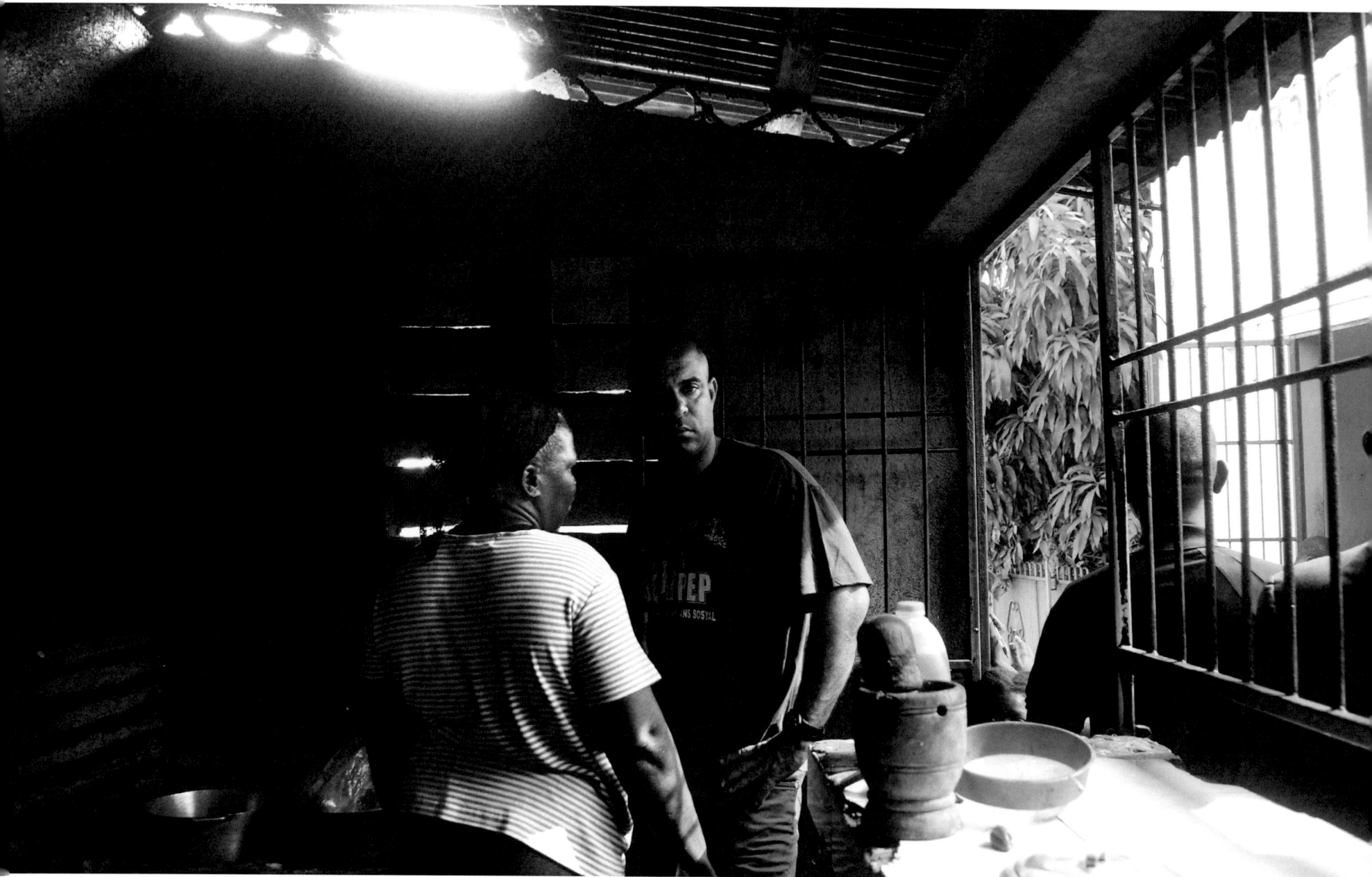

It is a rare moment. The leader of the government, a Prime Minister, at street level, squeezing between concrete hovels in the labyrinth "city without streets," the "ghetto," the "slum," in an effort to keep himself and his government close to their purpose–"if not the poor, then who are we helping with our theories and programs?"

The moment… one woman sees one man. She sees a man and his friends who may lead her out of this, or at least offer some ray of hope for the tiniest relief. She sees him. He is in a doorway, coming out of a filthy shop. And when she looks at him he looks at her. His hand rests on her shoulder. The literal hands of the Prime Minister ministering. His hand on her shoulder, her eyes in his eyes.

In a moment a photograph comes to represent the reality of a hope we do not know if we can believe.

Se yon moman eksepsyonèl. Chèf gouvènman an, yon Premye Minis, sou beton an, k kwense nan mitan tikay beton nan yon labirent "vil ki pa gen lari", "gheto" epi "bidonvil" nan fè efò pou kenbe tèt li ak ekip li pi prè objektif gouvènman an. "Si se pa pòv yo, enbyen kiyès n ap ede avèk teyori epi pwogram nou yo?"

Nan moman sa a… yon fi wè yon mesye… Li wè yon mesye ak zanmi l yo ki ka ede l soti nan sa l ye a oubyen ki ka ba l yon limyè lespwa pou yon ti soulajman. Li wè l nan pòt la k ap soti nan yon magazen ki sal. Lè fi a gade mesye a, mesye a gade l tou. Mesye a mete men l sou zepòl fi a. Se men yon Premye Minis k ap fè travay Minis li. Men Premye Minis la sou zepòl fi a epi youn ap gade lòt la nan je.

Nan moman sa a, yon foto vin reprezante reyalite yon lespwa nou pa t janm konnen si nou ka kwè ladan.

C'est un moment rare. Le chef du gouvernement, un premier ministre, dans la rue, se faufilant entre les masures en béton, dans le labyrinthe d'une « ville sans rues », le « ghetto », les « bas quartiers », résolu à atteindre son but, qui est aussi celui de son gouvernement – « si ce ne sont pas les pauvres, alors qui sommes-nous en train d'aider avec nos théories et nos programmes ? »

Le moment… une femme voit un homme. Elle voit un homme et ses amis qui peuvent la conduire hors de ceci, ou tout au moins lui offrir une lueur d'espoir, un peu de soulagement. Elle le voit. Il est sur le seuil d'une porte, sortant d'un magasin crasseux. Et quand elle le regarde, il la regarde. Sa main se pose sur son épaule. Les mains d'un Premier ministre dévoué. Sa main sur son épaule, les yeux dans les yeux.

En un instant, une photographie capte la réalité d'un espoir auquel nous sommes incertains de croire.

Es un momento raro. El líder del gobierno, un primer ministro, en la calle, pasando a duras penas entre casuchas de concreto en ese laberinto de "ciudad sin calles", el "gueto", el "tugurio", en un esfuerzo por mantenerse a sí mismo y su gobierno cerca de su propósito, "si no es a los pobres, entonces ¿a quién estamos ayudando con nuestras teorías y programas?"

El momento… una mujer ve a un hombre. Ve a un hombre y a sus amigos que pueden ayudarla a salir de su situación, o al menos ofrecer un rayo de esperanza del más pequeño alivio. Ella lo ve. Él está en el umbral, saliendo de una tienda sucia. Y cuando ella lo mira sus miradas se cruzan. Él apoya la mano en su hombro. Literalmente, las manos del primer ministro ejerciendo el ministerio. Su mano en el hombro y los ojos de ella en los suyos.

En un instante, una fotografía representa la realidad de una esperanza en la que no sabemos si podemos creer.

He goes to the shopkeeper. He visits her in her smoke-smudged kitchen. She tells him about her business. She tells him about life in her neighborhood.

A woman grabs him in the street. He does not push her away. When she holds him he returns the embrace.

He is called to an old woman's door where he comes and stands. He is standing with his head lowered ever slightly, the posture of one honoring the one he listens to. He is not only listening, he is attuning his very body to the movements of the poor.

These are his feet and he is leading others with him, ones who did not expect they were going. The businessmen and government leaders he has brought along with him.

L ale wè dam ki mèt boutik la. Li vizite dam la nan kuizin li ki chaje ak lafimen. Madanm lan pale ak li de komès li. Li rakonte l jan lavi a ye nan katye l.

Yon lòt dam kenbe l nan lari a. Li pa repouse l. Lè dam la kenbe l, la menm li bay dam la yon akolad.

L ale kanpe devan pòt yon dam, yon granmoun kote yo te rele l. Li kanpe ak tèt li ki fè yon ti bese. Tet bese sa a se pozisyon yon moun k ap onore yon moun l ap koute. Li pa sèlman t ap koute. Li te mete tèt li nan plas moun pòv yo pou li eseye konprann yo.

Sa se pye l. Epi l ap mennen lòt yo avè l, sa yo ki pa t atann yo ta prale la a. Biznismann sa yo epi otorite sa yo nan gouvènman an, li te mennen yo ansanm avè l.

Il se dirige vers la propriétaire du magasin. Il lui rend visite dans sa cuisine enfumée. Elle lui parle de son commerce. Elle lui parle de la vie dans son quartier.

Une femme l'attrape dans la rue. Il ne la repousse pas. Quand elle l'étreint, il retourne l'étreinte.

Il est appelé à la porte d'une vieille femme. Il s'approche et s'arrête. Il est debout, la tête légèrement baissée, la posture d'un homme honorant la personne qu'il écoute. Il est non seulement à l'écoute, il adapte son corps aux mouvements des pauvres.

Voici ses pieds, qui invitent d'autres à le suivre, ceux qui ne savaient pas où ils allaient. Les hommes d'affaires et membres de gouvernement qu'il a amenés avec lui.

Él va a la tendera. La visita en su cocina tiznada y ella le habla de su negocio, de la vida en el barrio.

Una mujer lo agarra en la calle, pero él no la rechaza, sino que devuelve su abrazo.

Lo llamaron desde la puerta de la casa de una anciana, donde se para con la cabeza ligeramente inclinada en la postura de alguien que honra a quien está escuchando. No sólo escucha, sino que todo su cuerpo se sincroniza con los movimientos de los pobres.

Ahí están sus pies, mientras va a la vanguardia de otros que no pensaban acompañarle, todos los empresarios y funcionarios del gobierno que caminan con él ahora.

He walks into places people do not even want to call home. The surprise of faces as the Prime Minister enters their dungeon dark caves of bedrooms unannounced is almost humorous. If not for where the surprise takes place.

A man watching television in a space unfit for demons almost falls out of his chair to realize the government has literally entered his home.

Li mache ale nan kay ke moun pa menm vle rele lakay yo. Sipriz ki nan figi yo pandan Premye Minis la ap antre nan ti chanm fè nwa yo san li pa t di yo sa, se prèske yon blag. Wi, se ta yon blag si se pa t sa kay sa yo sanble.

Yon nonm ki chita ap gade televizyon yon kote ki pa menm konfòtab pou djab ta rete manke sot tonbe sou chèz li lè l reyalize gouvènman an te antre anndan lakay li.

Il marche dans des endroits où peu de gens voudraient vivre. Si ce n'était de l'endroit lui-même, il y aurait quelque chose de presque hilarant dans cette surprise qui se lit sur les visages lorsque le Premier ministre entre inopinément dans des chambres aux allures de grottes, aussi sombres que des dongeons.

Un homme, regardant la télévision dans un espace que mêmes des démons jugeraient inhabitable, tombe presque de sa chaise en voyant le gouvernement entrer littéralement dans sa maison.

Entra en lugares que la gente ni siquiera quiere llamar casa. Es casi cómica la estupefacción en los rostros cuando el primer ministro entra sin anunciarse en esa mazmorra oscura y laberíntica de dormitorios.

Un hombre viendo la televisión en un espacio que ni los demonios merecen, casi se cae de la silla al darse cuenta de que, literalmente, el gobierno ha entrado a su casa.

He has brought the national press with him. But it is not for a display. This is risky stuff, forcing these writers and cameramen in nice pants to crawl with him where most people are forced to live and die. He is forcing even the press to see what he himself desires to see. The burning heartbeat of Haiti.

And what everyone sees, once past the smell and heat and misplaced steps that send not a few of us to our backs and knees as we fall in the slop of the narrow slum passages trying to keep pace with the Prime Minister, are people.

Premye Minis la te mennen laprès nasyonal avè li. Men, se pa t pou fè reklam. Gen risk nan sa. Nan fòse ekriven ak kameramann sa yo, ki gen bèl pantalon sou yo, pou yo ale avè l, kote pi fò moun oblije mouri menm kote y ap viv la. Premye Minis la fòse menm laprès la pou yo wè sa li menm li te vle wè ak je pa li. Zantray peyi d Ayiti.

Epi ki sa tout moun sa yo wè apre yo kite kote sa yo ki te santi move, kote sa yo ki te fè cho anpil, kote ki gen eskalye sa yo ki mal plase e ki lage plizyè nan nou atè nan ti koridò dlo sal bidonvil la pandan n ap eseye kenbe konpa ak Premye Minis la? Sa nou wè se moun yo.

Il a emmené la presse nationale avec lui. Mais il ne s'agit pas d'un étalage. Il prend des risques en forçant ces rédacteurs et caméramans à ramper avec lui, dans leurs beaux pantalons, là où la plupart des gens sont forcés de vivre et de mourir. Il oblige même la presse à voir ce qu'il veut voir. Le battement du cœur brûlant d'Haïti.

Et ce que tout le monde voit – une fois passés l'odeur, la chaleur, et les escaliers accidentés qui envoient bon nombre d'entre nous valser, tombant à genoux ou sur le dos dans la boue des passages étroits qui se faufilent entre les taudis, tout en essayant de suivre le rythme du Premier ministre – ce sont les gens.

Él trajo a la prensa nacional y no para figurar. Es arriesgado obligar a estos escritores y cama-rógrafos bien vestidos a arrastrarse con él por lugares donde la mayoría vive y muere porque no le queda más remedio. Incluso obliga a la prensa a ver lo que él desea ver: el corazón ardiente de Haití.

Una vez que nos adaptamos al olor, el calor y los pasos en falso que causan más de una caída en los estrechos pasajes de esos tugurios mientras tratamos de ir al paso del primer ministro, lo que todo el mundo ve es que son personas.

We leave the urban concrete prisons and visit a village in the high mountains. As the government enacts new social programs, some of which critics say are only superficial, the programs do not generically help "people." They help people with names.

Here is Mica. She waited all morning for her opportunity to register for the new programs that will help her family. This is Haiti's New Deal and I can almost hear Roosevelt's ghost… "Throughout the nation men and women, forgotten in the political philosophy of the Government, look to us here for guidance and for more equitable opportunity to share in the distribution of national wealth…"

Here is Elimise stealing a kiss from the Prime Minister for what this new program will do for her and her family.

Nou kite prizon beton lavil la pou n al vizite yon vilaj sou tèt mòn yo. Pandan gouvènman an ap kreye nouvo pwogram sosyal, gen kèk kritik ki di pwogram sa yo pa vo anyen, yo pa vrèman ede nenpòt ki "moun". Non, yo pa ede "nenpòt" ki moun; yo ede moun ki gen non.

Sa se Mica. Li pase tout maten an ap tann pou l jwenn opòtinite pou l enskri nan nouvo pwogram k ap ede fanmi li. Sa se nouvo akò Ayiti a. Mwen prèske ka tande vwa Roosevelt ki resisite : "Soti nan Lès pou rive nan Lwès peyi a epi soti nan Nò pou rive nan Sid peyi a, gason ak fi sa yo ke gouvènman anvan yo te toujou konn bliye, yo vire gade nouvo gouvènman sa a pou yo jwenn yon nouvo direksyon epi pou yo jwenn plis opòtinite nan pataj egal-ego distribisyon richès peyi a."

Men Elimise k ap eseye vòlè yon ti bo nan men Premye Minis la pou l remèsye l pou sa nouvo pwogram sa a pral fè pou li ak fanmi l.

Nous quittons les prisons de béton urbaines pour visiter un village dans les hautes montagnes. Alors que le gouvernement édicte de nouveaux programmes sociaux, que certains critiques jugent superficiels, ces programmes n'aident pas le « peuple » anonyme. Ils aident des personnes qui ont des noms.

Voici Mica. Elle a attendu toute la matinée pour avoir la possibilité de s'inscrire dans les nouveaux programmes qui aideront sa famille. C'est le New Deal d'Haïti et je crois entendre le fantôme de Roosevelt « D'un bout à l'autre de la nation, des hommes et des femmes, oubliés par la philosophie politique du gouvernement, se tournent vers nous pour obtenir des conseils et pour une opportunité plus équitable de bénéficier de la distribution des richesses nationales… »

Voici Elimise volant un baiser au Premier ministre, en remerciement de l'aide que ce nouveau programme apportera à elle et sa famille.

Dejamos esas prisiones urbanas de concreto y visitamos un poblado en la montaña. El gobierno patrocina nuevos programas sociales, pero algunos los critican porque piensan que son superficiales y no ayudan a la "población" en abstracto, sino a personas con nombres y apellidos.

Aquí está Mica. Esperó toda la mañana la oportunidad de inscribirse en los nuevos programas que ayudarán a su familia. Este es el "New Deal" de Haití y casi puedo escuchar el fantasma de Roosevelt: "En toda la nación, hombres y mujeres, olvidados por la filosofía política del gobierno, esperan de nosotros orientación y una oportunidad más equitativa de participar en el reparto de la riqueza nacional…"

Elimise aquí le roba un beso al primer ministro, como señal de agradecimiento por lo que este nuevo programa significa para ella y su familia.

Back in the city slums we visit a neighborhood undergoing a transformation. New paint and badly needed roof repairs. Some criticize the work as merely cosmetic. It is cosmetic. And as one resident pointed out it is like giving a lady rouge for her cheeks. She asks, is it so bad to give a beautiful woman a worthy dress and rouge to help her feel better and to help the world see her as she really is–a person?

These are the colors of people, and the Prime Minister is leading leaders into a new way of seeing people and acting on their behalf. He is giving dignity by the efforts of what matters most, not theories but the work of his own two hands.

Nou retounen nan bidonvil yo, nou vizite yon katye k ap transfòme. Kay yo te fèk pentire e do kay yo te bezwen reparasyon. Se yon makiyaj. Menm jan yon moun ka viv isit la te di se tankou lè w mete fa sou po bouch yon fi. Li mande èske sa pa twò bon pou bay yon bèl fi yon wòb ki gen valè epi makiyaj ki pou ede l santi l pi byen e ki pou ede lòt moun wè l jan li ye, tankou yon moun ki moun tout bon?

Sa yo se koulè moun yo. E Premye Minis la ap dirije dirijan yo nan yon nouvo direksyon sou jan pou yo wè moun yo e pou yo aji nan non yo. L ap bay moun yo diyite nan efò sa yo ki pi enpòtan. Sa se pa bèl pawòl. Sa se travay l ap fè avèk de men l yo.

De retour dans les bidonvilles, nous visitons un quartier en pleine mutation. Peinture fraîche et réparations de toits qui en ont cruellement besoin. Certains jugent ces travaux purement cosmétiques. Ils ont certes une dimension cosmétique. Comme un résidente le souligne, c'est comme donner du fard à joues à une dame. Elle demande s'il est incorrect d'offrir à une belle femme une robe digne d'elle et du maquillage pour l'aider à mieux se sentir et permettre au monde de la voir telle qu'elle est vraiment – une personne ?

Ce sont les couleurs des gens et le Premier ministre enseigne aux dirigeants une nouvelle façon de les voir et d'agir en leur nom. Il s'efforce de donner de la dignité en mettant l'accent sur ce qui importe le plus, pas sur les théories, mais sur le travail de ses propres mains.

De vuelta a los tugurios de la ciudad, visitamos un barrio que se transformaba. Pintura nueva y muy necesarias reparaciones de techos. Algunos criticaban que el trabajo era sólo cosmético. Sí, es cosmético. Una residente señaló que era como ofrecer maquillaje a una señora. Y se pregunta, ¿es tan malo ofrecer a una mujer hermosa un vestido digno y maquillaje para que se sienta mejor y para que el mundo la vea como lo que ella verdaderamente es: una persona?

Estos son los colores de la gente y el primer ministro dirige a los dirigentes en una nueva forma de ver a la gente y de actuar en su nombre. Está dignificando a la gente a través de lo más importante, que no son las teorías sino el trabajo de sus dos manos.

10
—
THE FUTURE

Haiti was like a garden that was destroyed. But now it is starting to blossom.

Previous pages: A victorious "kite fighter" releases his trophy to its original owner as an act of generosity after capturing the kite in a competition in Jalousie.

Above: Cutting blades on captured kite.

THE KITE FIGHTERS OF JALOUSIE: A SIGN OF HAITI'S FUTURE?

We traveled around the capital city during Holy Week to learn about Haiti's tradition of April kite fighting. It makes more sense to wander and look up at all the buildings when you are doing it to discover the greatest kite fighters in Haiti.

We park at the entrance of Jalousie behind the Kinam Hotel in Petionville. It is a tiny foot passage, hardly wide enough for two motorbikes. Behind us the new construction at the Kinam rises, and in front of us emerges a mountain of color. This is Jalousie neighborhood. A city without streets. A Lego-block-like world of randomly built concrete hovels and houses. One of the poorest neighborhoods in the capital.

As we stand wondering where to begin a boy squeezes past us in the congestion of people, gripping a kite. We stop him, explaining we are searching for the best kite fighter in Jalousie. The boy says he is on an errand to bring the kite to his cousin who will use the kite in a competition. We go with him.

At the cousin's house we are introduced to his grandmother, Anacile Choisy. She is 82 and has lived in Jalousie for forty years. We stand with her in her doorway and peer out over the neighborhood.

Philip: "What is one of the recent changes you have seen in Haiti?"

Anacile: "In my time, when I was younger, our parents had to decide whether we would have access to school. If our parents did not have any means then we would not be able to go to school. But in this new age, even though you are poor or you are rich, it is easier to put your son or daughter in school. Because there are a lot of programs, like the President's program to sponsor a lot of children to go to school free. That is a sign of change... Haiti was like a garden that was destroyed. But now it is starting to blossom."

Philip: "What makes you say something so beautiful?"

Anacile: "It is because of what I am experiencing. In my time, the children used to go to church during the Holy week. They would go to church then back home. They had no other activities to do. Now when the children get back from church they have to set up all the kites just to have fun. That is a sign of change."

Philip: "I see the kite flyers are already crowded on the roof and they are starting to compete. What do you think when you see all the kites in the sky?"

Anacile: "I just think about the future of those children flying kites. By myself I can no longer fly a kite. I am too old. But I can think about them and their future."

Philip: "Your house looks like it has been recently painted."

Anacile: "Yes. This week. It is not finished yet but that is alright. It will be finished soon. It is a simple house. But it is good to keep us out of the rain. It is a heritage. I will pass it down to my children. This colorful paint will make the house more valuable for them. Step-by-step the bird builds its nest."

Philip: "Some people criticize the improvements in places like Jalousie. They say it is only superficial and doesn't really improve life."

Anacile: "A neighborhood of houses is like the children in the neighborhood. If the children are neglected and no one takes care of them everyone is going to be afraid of them. But if the children are cared for, well-dressed and clean, then everyone will want to be around these children. When a woman wears make-up she does so to make herself feel pretty. How can that be a bad thing, to make yourself pretty?"

We find the kite teacher, Jeff Georges, on a roof. It is where all the kite fighters are stationed. Different groups occupy different rooftops. This group happens to occupy a roof in the center of Jalousie. From this roof we have a view as if from inside a bowl of all the other roofs below and above us. It is as if we are on a stage. "You have to be careful," a kite fighter cautions me. Someone else said a guy recently fell off the roof and was injured.

I am introduced to Jeff, who asks me to wait a moment while he finishes with a student. The wind is just beginning to churn in the early afternoon and Jeff is already at work with several kite fighters. He walks back and forth between different guys explaining how to grip the string, how to pull it, how to bring the kite in and let it out. From our roof only a few kites are in the air. But there are dozens of kites connected to the rooftops around us.

Jeff teaches us about the "competition" and the mechanics of kite fighting. The competition is primitive. Kite fighters affix razor blades to the kite tails. Then they try and wrap their tail around the "wire" of a competing kite and use the blade to cut the wire. If your wire is cut, you lose.

Philip: "If a competition begins and you win, what does the winner get?"

Jeff: "You get the kite. If you bring it back. It's yours."

Philip: "Who are the best kite fighters in Jalousie?"

Jeff: "Each person has their own capacity, their own ability. You can't say there is one that is better than the others."

More people are coming on the roof now. And other groups are filling up roofs. Far below us there is a particularly lively group. They are yelling up at the guys on our roof and the guys are calling back to them. Looking out over Port-au-Prince there are so many kites in the air they look like flocks of birds.

Jeff hands me a string. He begins his instruction. I am not too good at it, but he is patient. I let out too much string and my kite plummets toward the rooftops. Jeff coaches me, shows me how to pull down on the string to bring the kite back up. It rises like magic. It is a tension I am looking for, a balance of pressure. As I move around the roof my spool of string rattles on the concrete. There is a cacophony of rattling spools and trash-talking kite fighters.

Just as I hand my string back to Jeff there is an eruption of yelling and laughing. A competition has begun.

It is nearly impossible to see what is happening in the sky there are so many kites in the air and the light is so blinding. But the kite fighters both know who they are. They are caught in a joint tension with one fighter in the cutting position and the other trying to defend his kite. Almost as soon as it begins it is over and there are roars and screams of victory. The fighter on our roof has won. And more, he has managed not to cut the opponent's wire but to actually capture the wire and reel in the losing kite. I lift my camera to see a tiny hexagonal kite of clear plastic and baby blue.

The guys on our roof are strutting like captains and calling out to the guys on the roof below. One guy holds the captured kite in his hands and hundreds of feet below the loser holds the string that remains attached. It is the ultimate win, because the winner can taunt the loser with tugs on the wire. But the winner is a gracious winner. He announces he will give the kite back. Everyone cheers.

He lifts the kite into the wind and with a flick of his hands it soars again, a sign of grace. Perhaps also a sign of Haiti's future.

KONBATAN SÈVOLAN NAN JALOUZI : YON SENBÒL POU YON DEMEN MIYÒ ANN AYITI

Nou te vwayaje nan kapital la pandan semèn sent lan pou n te aprann sou tradisyon ann Ayiti, sou konpetisyon ant sèvolan nan mwa d Avril. Pito w flannen pandan w ap gade anlè tout tèt kay yo. Lè w fè sa, je w ap tonbe sou moun sa a ki pi konn monte kap ann Ayiti.

Nou estasyone machin lan nan antre Jalouzi, dèyè do Kinam Hotel la nan Petyon Vil. Se yon ti koridò a pye ki tou piti e ki pa laj ase pou de (2) moto ta pase. Nan do l, gen nouvo konstriksyon Kinam lan k ap grandi epi devan nou gen yon mòn an koulè k ap leve. Sa se katye Jalouzi. Yon vil ki pa gen lari. Yon zòn kote yon pakèt ti kay an mi ki bati youn sou lòt an labou lamizè. Sa se youn nan katye ki pi pòv nan kapital la.

Pandan nou kanpe pou n mande tèt nou ki kote pou n kòmanse, yon ti gason te kwense kò l pou l pase a kote nou nan foul moun yo. Li gen yon sèvolan nan men l. Ti gason an di ke li nan yon misyon pou l pote sèvolan an bay yon kouzen l ki pral itilize l nan yon konkou. Nou deside ale avèk ti gason an.

Lakay kouzen an, nou te fè konesans ak granmè l, Anacile Choisy. Li gen 82 lane e l ap viv nan Jalouzi depi karant lane. Nou kanpe avè l devan pa pòt li a epi n ap gade katye a.

Philip: "Ki chanjman ou wè ki fèk fèt ann Ayiti?"

Anacile: "Nan tan pa m, lè m te jèn, se paran nou ki te konn deside si nou te ka ale lekòl. Si paran nou pa t gen mwayen, nou pa t ka al lekòl. Men, nan nouvo jenerasyon sa a, kit ou pòv, kit ou rich, li pi fasil pou mete pitit gason w oubyen pitit fi w lekòl. Paske gen anpil pwogram, tankou pwogram Prezidan an, k ap bay finansman pou anpil timoun ka ale lekòl gratis. Sa se yon siy chanjman... Ayiti te tankou yon jaden ki te kraze. Men, kounye a li kòmanse ap pouse flè."

Philip: "Ki sa ki fè w di bèl pawòl sa a ?"

Anacile: "Se akoz esperyans m ap viv. Nan tan pa m, timoun te konn al legliz pandan semèn sent lan. Yo te konn al legliz epi retounen lakay yo. Yo pa t gen lòt aktivite pou yo fè. Kounye a, lè timoun yo sot legliz, fòk yo al monte kap pou yo pran plezi yo. Sa se yon siy chanjman."

Philip: "Mwen wè moun k ap monte kap yo gentan rasanble sou do yon kay epi yo kòmanse konpetisyon an. A ki sa w panse lè w wè tout kap sa yo nan syèl la?"

Anacile: "Mwen jis panse a avni timoun sa yo k ap monte kap yo. Mwen menm, mwen pa ka monte kap ankò. Mwen twò granmoun. Men, mwen ka panse a yo, a avni yo."

Philip: "Kay ou genlè fèk pentire."

Anacile: "Wi. Semèn sa a. Li poko fini. Men, kan menm li bon. Sa p ap pran tan pou yo fin pentire l. Se yon kay senp. Lè gen lapli, nou pa mouye. Se yon eritaj m ap kite pou timoun mwen yo. Penti plizyè koulè sa yo fè kay la gen plis valè pou yo. Ti pa ti pa, zwazo fè nich li."

Philip: "Gen moun ki kritike amelyorasyon nan lokalite tankou Jalouzi. Yo di sa se yon chanjman pou aparans, sa p ap amelyore lavi pèsonn."

Anacile: "Yon katye ki gen anpil kay se tankou timoun yo nan katye a. Si yo neglije timoun yo e pèsòn pa pran swen yo, tout moun ap pè yo. Men, si yo pran swen timoun yo, byen abiye epi byen pwòpte yo, kon sa tout moun ap vle rete a kote timoun sa yo. Lè yon fi makiye, li fè sa pou l santi l bèl. Kòman sa ka yon move bagay, pou w fè tèt ou bèl ?"

Nou jwenn gran konesè nan afè sèvolan an, Jeff Georges, sou yon do kay. Se la tout moun k ap fè konkou kap yo ye. Diferan gwoup kanpe sou diferan tèt kay. Gwoup sa a li menm kanpe sou yon do kay nan mitan Jalouzi. Sou do kay sa a, nou wè kòm si nou anndan yon bòl pami tout do kay anba nou yo ak sou tèt nou yo. Se kòm si mwen sou yon sèn. "Fòk ou fè atansyon", se sa yon moun k ap fè konkou kap di m. Yon lòt di dènyèman yon moun te sot tonbe anba sou do kay la e li te blese.

Mwen fè konesans ak Jeff, ki di m tann yon ti moman pandan l ap fini ak youn nan elèv li yo. Van an apèn kòmanse vante byen bonè nan aprè midi epi Jeff te gentan ap travay ak plizyè moun ki pral fè konkou kap. L ap fè va e vyen nan mitan diferan gwoup. L ap esplike kòman pou kenbe fil kap la, kòman pou rale kap la vini epi file kap la. Se kèk grenn kap sèlman ki te anlè sou do kay pa nou an. Men, yo t ap monte plizyè douzèn kap sou lòt do kay bò kote nou yo.

Jeff esplike nou jan yo fè konkou kap la epi ki teknik yo sèvi pou fè konba kap la. Konpetisyon an la lontan. Moun k ap fè konkou kap yo mete yon jilèt nan ke kap yo. Epi yo eseye pase ke kap la ki chaje ak jilèt sou fil kap lòt moun ki nan konkou a, epi jilèt ki nan ke kap pa yo a pral koupe fil kap lòt moun ki nan konkou a. Si yon lòt kap koupe fil pa w la, ou pèdi."

Philip: "Si konkou a kòmanse epi ou genyen, ki sa yo bay kòm prim ?"

Jeff: "Ou jwenn kap la. Si ou rale l vin jwenn ou, se pa w li ye."

Philip: "Kiyès ki pi konn koule kap nan Jalouzi ?"

Jeff: "Chak moun gen ladrès pa yo. Chak moun gen konpetans pa yo. Ou pa ka di gen youn ki pi fò pase lòt."

Plis moun ap vin monte sou do kay la kounye a. Epi lòt gwoup ap plen lòt do kay yo. Byen lwen anba, nou gen yon ti gwoup k ap anime. Y ap rele sou mesye yo ki sou do kay pa nou an epi mesye yo rele sou yo tou. Lè w ap gade Potoprens, gen anpil kap nan syèl la e yo sanble yon bann zwazo.

Jeff lonje fil la ban mwen. Li kòmanse ap ban m leson. Mwen pa twò fò nan sa. Men, li gen pasyans. Mwen bay twòp fil epi kap mwen an ap tonbe sou do kay la. Jeff antrene m, montre m kòman pou m rale fil la pa anba pou m fè kap la remonte anlè. Li monte tankou yon kout maji. M ap chèche yon tansyon, yon presyon ekilibre. Pandan m ap deplase sou do kay la, bobin fil mwen an ap fè bri sou beton an. Gen yon pakèt bri bobin fil ansanm ak moun ki nan konkou a k ap ranse.

Pandan m ap remèt Jeff fil mwen an, gen yon sèl rèl ki pete, mele ak griyen dan. Se yon konkou ki kòmanse.

Li prèske enposib pou n wè sa k ap pase anlè a. Gen anpil kap nan syèl la epi solèy la avegle nou. Men, konbatan yo, youn konn lòt. Yo vin ap twoke kòn, gen youn ki nan pozisyon pou l koupe kap lòt la. Lòt la ap eseye defann tèt li. Batay la kòmanse rapid, li fini rapid. Tout moun rele anmwe, yo voye yon kap ale. Moun ki sou do kay pa nou an genyen. Mèt kap ki sou do kay pa nou an t ap fè yon jan pou li pa koupe fil kap advèsè a epi pou l te rive pran fil lan epi mete l nan bobin pa li. Mwen leve kamera m nan anlè pou m ka wè yon ti kap ki fèt ak plastik ble pal.

Ti mesye ki sou do kay pa nou an ap fè djòlè tankou yo se chèf epi y ap rele lòt ti mesye ki sou do kay anba a. Yon moun kenbe kap ke yo te rale a nan men l epi nan yon distans kèk santèn mèt pi ba nou, moun ki pèdi a kenbe fil ki mare nan kap la. Sa se yon bèl viktwa, paske moun ki genyen an ka pase moun ki pèdi a nan betiz pandan l ap rale fil la. Men, fwa sa a, moun ki genyen an se pa yon move moun. Li remèt kap la. Tout moun kontan.

Li leve kap la nan van an epi li bay kap la yon ti sakad. Kap la monte nan syèl la byen vit. Sa se yon siy chans. Petèt se yon siy pou avni Ayiti tou.

Above: Woman prepares lunch in a street restaurant with view of Jalousie.

Above: In an act of good sportsmanship, a Jalousie kite fighter prepares to release a captured kite back to a fellow competitor following his win.

LES COMBATS DE CERFS-VOLANTS DE JALOU-SIE : UN AVANT-GOÛT DU FUTUR HAÏTIEN ?

Nous avons parcouru la région de la capitale pendant la Semaine Sainte pour en apprendre davantage sur la tradition haïtienne des combats de cerfs-volants en avril. A cette époque de l'année, il est naturel de se promener les yeux levés vers le ciel au-dessus des toits pour découvrir les meilleurs combattants de cerfs-volants d'Haïti.

Nous nous garons à l'entrée de Jalousie, derrière l'Hôtel Kinam de Pétion-ville. Il y a un sentier minuscule, à peine assez large pour laisser passer deux motos. Derrière nous se dresse la nouvelle construction du Kinam et, en face de nous, émerge une montagne de couleurs. C'est le quartier de Jalousie. Une ville sans rues. Un monde qui semble être construit en blocs de Lego, où des taudis et des demeures de béton ont été bâtis au hasard. Un des quartiers les plus pauvres de la capitale.

Alors que nous sommes en train de nous demander par où commencer, un garçon passe devant nous au milieu de la foule de gens, tenant fermement un cerf-volant. Nous l'arrêtons pour lui dire que nous cherchons le meilleur combattant de cerfs-volants de Jalousie. Le garçon nous répond qu'il court porter le cerf-volant à son cousin pour une compétition. Nous lui emboîtons le pas.

Chez le cousin, nous sommes présentés à sa grand-mère, Anacile Choisy. Âgée de 82 ans, elle vit à Jalousie depuis quarante ans. Nous nous tenons avec elle devant sa porte et contemplons le quartier.

Philip: « Quel est l'un des changements récents que vous avez vu en Haïti ? »

Anacile: « De mon temps, quand j'étais plus jeune, nos parents devaient décider si nous pouvions ou non fréquenter l'école. S'ils n'en avaient pas les moyens, nous n'étions pas en mesure d'aller à l'école. Mais dans cette nouvelle ère, que vous soyez pauvre ou riche, il est plus facile d'envoyer votre fils ou votre fille à l'école. Parce qu'il y beaucoup de programmes, comme le programme de parrainage du Président qui permet à plusieurs enfants de fréquenter l'école gratuitement. C'est un signe de changement... Haïti était comme un jardin qui a été détruit. Mais maintenant, il recommence à fleurir. »

Philip: « Qu'est-ce qui vous fait dire quelque chose de si beau ? »

Anacile: « C'est à cause de ce que je vis. De mon temps, les enfants avaient coutume d'aller à l'église pendant la semaine sainte. Ils allaient à l'église, puis rentraient à la maison. Ils n'avaient pas d'autres activités. Maintenant, quand les enfants rentrent de l'église, ils préparent leurs cerfs-volants pour s'amuser. C'est un signe de changement. »

Philip: « Je vois que les cerfs-volistes se sont déjà entassés sur le toit et que la compétition a déjà commencé. A quoi pensez-vous, quand vous voyez tous les cerfs-volants dans le ciel ? »

Anacile: « Je pense simplement à l'avenir de ces enfants cerfs-volistes. Moi-même, je ne peux plus faire voler de cerf-volant. Je suis trop vieille. Mais je peux penser à eux et à leur avenir. »

Philip: «On dirait que votre maison a été peinte récemment. »

Anacile: « Oui. Cette semaine. Elle n'est pas encore terminée, mais c'est bien. Elle sera bientôt finie. C'est une maison simple. Mais elle nous protège de la pluie. C'est un patrimoine. Je vais la transmettre à mes enfants. Cette peinture colorée va rendre la maison plus précieuse pour eux. Petit à petit, l'oiseau fait son nid. »

Philip: « Certaines personnes critiquent les améliorations dans des endroits comme Jalousie. Elles disent qu'elles sont seulement superficielles et n'améliorent pas vraiment les conditions de vie. »

Anacile: « Les maisons d'un quartier sont comme les enfants de ce quartier. Si les enfants sont négligés et que personne ne prend soin d'eux, tout le monde va les craindre. Mais si les enfants sont soignés, bien habillés et propres, tout le monde voudra jouer avec eux. Quand une femme se maquille, elle le fait pour se sentir belle. Comment cela peut-il être une mauvaise chose, se faire belle? »

Nous trouvons l'entraîneur de cerf-volant, Jeff Georges, sur un toit. C'est l'endroit où tous les combattants de cerfs-volants se tiennent. Différents groupes occupent différents toits. Celui-ci occupe un toit dans le centre de Jalousie. De ce toit, nous avons une vue sur les autres toits en-dessous et au-dessus de nous, comme si nous nous trouvions à l'intérieur d'un bol, sur une scène. Un combattant de cerf-volant me met en garde : « Vous devez être prudent. » Un autre nous informe qu'un gars s'est blessé récemment en tombant du toit.

On me présente à Jeff, qui me demande d'attendre un moment, le temps qu'il termine avec un apprenti cerf-voliste. Le vent commence à peine à se lever en ce début d'après-midi et Jeff est déjà au travail avec plusieurs combattants de cerfs-volants. Il va et vient entre les différents jeunes, leur expliquant comment saisir la corde, la tirer, ramener le cerf-volant et le relâcher. De notre toit, seulement quelques cerfs-volants ont pris leur envol. Mais des dizaines d'autres cerfs-volants se sont envolés des toits environnants.

Jeff nous initie à la « compétition » et au déroulement des combats de cerfs-volants. Cette compétition est simple. Les cerfs-volistes attachent des lames de rasoir aux queues de leurs cerfs-volants. Ils essaient ensuite d'enrouler leurs queues autour des « fils » des cerfs-volants adverses et de couper ceux-ci avec leurs lames. Si on coupe votre fil, vous perdez.

Philip: « Que reçoit le vainqueur de cette compétition ? »

Jeff: « Vous gagnez le cerf-volant. Si vous le ramenez. Il est à vous. »

Philip: « Qui sont les meilleurs combattants de cerfs-volants à Jalousie ? »

Jeff: « Chaque combattant a sa propre capacité, sa propre habileté. Vous ne pouvez pas dire qui est meilleur que les autres. »

Plus de gens viennent sur le toit maintenant. Et d'autres groupes remplissent les toits. Loin au-dessous de nous, un groupe particulièrement animé lance des cris stridents aux gars de notre toit qui leur répondent en criant. Il y a tellement de cerfs-volants au-dessus des toits de Port-au-Prince qu'on croirait voir des nuées d'oiseaux.

Jeff me tend une ficelle. Il commence mon instruction. Je ne suis pas très bon dans ce domaine, mais il est patient. Je relâche trop de ficelle et mon cerf-volant plonge vers les toits. Jeff m'aide, me montre comment tirer sur la corde pour ramener le cerf-volant vers le haut. Il monte comme par magie. C'est la tension que je recherche, un équilibre dans la pression. Comme je me déplace sur le toit, ma bobine de ficelle tombe sur le béton. J'entends une cacophonie de cliquetis de bobines et les combattants de cerfs-volants se moquent de moi.

Alors que je remets ma ficelle à Jeff, une éruption de cris et de rires éclate. Un combat vient de commencer.

Il est presqu'impossible de voir ce qui se passe dans le ciel, tant les cerfs-volants sont nombreux et la lumière aveuglante. Mais les deux combattants se reconnaissent. L'un d'eux est en position de couper le fil de l'autre qui essaie tant bien que mal d'esquiver l'attaque. A peine le combat a-t-il commencé qu'il se termine déjà et on entend des hurlements et des cris de victoire. C'est le combattant de notre toit qui a gagné. De surcroît, il a même réussi à ne pas couper le fil de l'adversaire, mais à saisir et à ramener le cerf-volant vaincu. Je lève mon appareil-photo pour capter un petit cerf-volant octogonal de plastique clair avec du bleu de layette.

Les gars sur notre toit se pavanent comme des capitaines et lancent des cris aux gars sur le toit en-dessous. Le vainqueur tient le cerf-volant entre ses mains et des centaines de pieds au-dessous, le perdant tient la ficelle qui est demeurée attachée. C'est la victoire ultime, car le gagnant peut narguer le perdant en secouant le fil. Mais le vainqueur est bon joueur. Il rend le cerf-volant. Tout le monde applaudit.

Il soulève le cerf-volant face au vent, et d'un simple mouvement du poignet, le fait s'envoler à nouveau, un signe de grâce. Peut-être aussi un avant-goût de l'avenir d'Haïti.

LOS VOLADORES DE COMETAS DE JALOU-
SIE: ¿UN SIGNO DEL FUTURO DE HAITÍ?

Viajamos alrededor de la capital durante la Semana Santa para conocer la tradición haitiana de las peleas de cometas del mes de abril. Es mejor deambular y mirar por encima de los edificios donde se descubren los mejores voladores de cometas de Haití.

Estacionamos en la entrada de Jalousie detrás del Hotel Kinam en Petionville. Es un atajo peatonal donde apenas cabrían dos motocicletas. Detrás de nosotros se levanta la nueva construcción del Kinam y delante emerge una montaña de color. Este es el barrio Jalousie, una ciudad sin calles, que parece un mundo de Lego, de casas y casuchas de concreto construidas al azar. Uno de los barrios más pobres de la capital.

Mientras nos preguntamos por dónde empezar, un niño se mete por entre nosotros en medio de la congestión de gente, agarrando un cometa. Lo detenemos y le explicamos que estamos buscando al mejor voladores de cometa en Jalousie. Nos dice que le lleva el cometa a su primo para una competencia. Lo acompañamos.

En la casa del primo nos presentan a su abuela, Anacile Choisy, de 82 años, que ha vivido 40 años en Jalousie. Nos paramos con ella en la puerta y miramos el vecindario.

Philip: "¿Qué cambio ha visto en Haití recientemente?"

Anacile: "En mi tiempo, cuando era más joven, nuestros padres tenían que decidir si iríamos a la escuela. Si no tenían recursos, entonces no podíamos ir a la escuela. Pero en esta nueva era, seas pobre o rico, es más fácil enviar a tu hijo o hija a la escuela. Porque hay muchos programas, como ese programa del presidente que da becas a muchos niños para asistir gratuitamente a la escuela. Es una señal de cambio... Haití es como un jardín que fue destruido. Pero ahora está empezando a florecer".

Philip: "¿Qué le hace decir algo tan hermoso"

Anacile: "Es por lo que estoy viviendo. En mi tiempo, los niños iban a la iglesia durante la Semana Santa y luego regresaban a casa. No tenían otras actividades. Ahora cuando regresan de la iglesia se ponen a preparar los cometas sólo para divertirse. Esa es una señal de cambio".

Philip: "Veo que los voladores de cometas ya están en los techos y empezando a competir. ¿Qué piensa cuando ve todos esos cometas en el cielo?"

Anacile: "Pienso en el futuro de esos niños que vuelan cometas. Ya estoy muy vieja y no puedo volar una cometa. Pero puedo pensar en ellos y su futuro".

Philip: "Su casa parece haber sido pintada recientemente."

Anacile: "Sí. Esta semana. No está terminada aún pero está bien. Se terminará pronto. Es una casa sencilla pero buena para protegernos de la lluvia. Es una herencia. La voy a pasar a mis hijos. Esta pintura colorida aumentará su valor para ellos. Paso a paso el pájaro construye su nido".

Philip: "Algunas personas critican los trabajos de remodelación en lugares como Jalousie. Dicen que es sólo superficial y no mejora realmente la vida".

Anacile: "Un barrio de casas es como los niños en el barrio. Si los niños están descuidados y nadie se ocupa de ellos todo el mundo les va a tener miedo. Pero si están atendidos, bien vestidos y limpios, entonces todo el mundo va a querer estar cerca de ellos. Cuando una mujer usa maquillaje lo hace para sentirse bonita. ¿Cómo es posible que embellecerse pueda ser malo?"

Encontramos al instructor de volar cometas, Jeff Georges, en un techo donde están reunidos todos los voladores de cometas. Diferentes grupos ocupan diferentes tejados. Este grupo está en el centro de Jalousie. Desde este techo tenemos una vista panorámica de todos los otros tejados debajo y arriba de nosotros. Es como si estuviéramos en un escenario. "Tenga cuidado", me advierte uno mientras otro cuenta que alguien recientemente se cayó y se lesionó.

Me presentaron a Jeff que me pide esperar un momento mientras termina con un estudiante. El viento de la tarde está empezando a soplar y Jeff ya está trabajando con varios voladores. Va de un alumno a otro danto explicaciones sobre cómo agarrar la cuerda, halarla, dirigir la cometa y soltarla. Desde nuestro techo pocos cometas están en el aire pero hay decenas conectados a los que nos rodean.

Jeff nos enseña sobre la "competencia" y la mecánica de la lucha de cometas. La competencia es primitiva. Los voladores ponen cuchillas de afeitar en las colas de los cometas y tratan de enredar su cola en la de un cometa rival y cortarlo. Esa es la lucha de cometas. Si te cortan la cola de tu cometa, pierdes.

Philip: "¿Qué recibe el ganador?"

Jeff: "El cometa es tuyo si lo traes de vuelta".

Philip: "¿Quiénes son los mejores voladores en Jalousie?"

Jeff: "Cada persona tiene su propia capacidad y habilidad, no se puede decir que hay uno mejor que los demás".

Más gente sube a los techos ahora y otros grupos están llenándolos. Mucho más abajo de nosotros hay un grupo muy animado que le grita a los chicos de nuestro techo quienes le responden a gritos. En el cielo de Port-au-Prince hay tantos cometas que parecen bandadas de pájaros.

Jeff me da una cuerda y comienza a enseñarme. No soy muy bueno en eso pero él es paciente. Solté más cuerda de lo necesario y mi cometa cae en picada sobre los techos. Jeff me enseña cómo tirar hacia abajo para que el cometa vuelva a subir. Se eleva como por magia. Es como buscando una tensión, un equilibrio de presión. Mientras me muevo por el techo, mi carrete de hilo suena sobre el concreto y se produce una cacofonía de esos ruidos que se unen a las groserías que se dicen los voladores.

Cuando entrego el hilo de mi cometa de nuevo a Jeff hay un estallido de gritos y carcajadas; el campeonato ha comenzado.

Es casi imposible ver lo que está sucediendo en el cielo por la cantidad de cometas en el aire y la enceguecedora luz del sol. Pero los luchadores saben de qué bando son. Están atrapados en la lucha con quien está en la posición de corte y el otro que trata de defender su cometa. Casi desde el inicio hay rugidos y gritos de victoria. El peleador de nuestro techo no sólo ha ganado, sino que consiguió no cortar la cuerda del contrario y capturar su cometa intacto, aún conectado al carrete. Levanto mi cámara para ver un pequeño cometa octogonal de plástico transparente y color azul bebé.

Los chicos en nuestro techo se pavonean como capitanes gritando a los chicos de abajo. Uno sostiene el cometa capturado y una treintena de metros abajo el perdedor sigue sosteniendo el carrete al cual pertenece. Es el mayor triunfo final ya que el ganador puede burlarse del otro dando tirones al hilo. Pero es un ganador generoso y decide devolver el cometa a su dueño. Todos rompen en aplausos.

Levanta el cometa en el viento y con un movimiento de sus manos se eleva de nuevo en signo de gracia. Tal vez también una señal del futuro de Haití.

Above: Boy with kite on his way to a competition walks through newly painted houses in Jalousie.

Following pages: Children test a new kite on a rooftop in Jalousie.

ADDITIONAL CAPTIONS

Pages 4-5: Prime Minister Lamothe listens to reports on development during a visit to Ile-a-Vache.

Page 9: Scouts greet Prime Minister Lamothe with members of the government during a "Government in the House" public reception in Jeremie.

Page 12: Sunrise breaks over the tower stairs at the highest point of The Citadel, A UNESCO World Heritage site and Haiti's most famous tourist destination.

Page 72: Children cross the new bridge in cocoa country, Camp Coq.

Page 104: Women headed for Port-au-Prince markets carry their farm goods in Kenscoff.

Page 144: Student waves the Haitian flag during a school program at Wharf Soleil in Cite Soleil.

Page 150-151: Workers complete the wharf in Jeremie, now Haiti's longest wharf.

Back endpaper: Children walk along a road under construction in Nan Panynol. Under the Lamothe government communities throughout the nation saw their first graded and paved roads that now connect them to a paved system of interconnected national highways stretching almost continuously from Jeremie in the far southwest to Cap-Haitian in the far north. The construction in Nan Panyol is part of the new "Smart Villages" initiative by Lamothe's Dr. Louis G. Lamothe Foundation, founded to continue his government's effort to provide off-grid communities with sustainable energy and agriculture initiatives.

Published by

The Brand Hotel Publishing
Nashville, TN
www.thebrandhotel.CO

The Hands of the Prime Minister: An illustrated conversation with Haiti's longest serving head of government; © Laurent S. Lamothe and Philip Holsinger, 2020. All rights reserved.

Media inquires: Contact Cecilia Braunagel - cecilia@lslwi.com

ISBN: 9780473354268

Photographs by Philip Holsinger; shooting with combined kits: Nikon 35mm and Bronica medium format.

Interviews with Prime Minister Lamothe conducted by Philip Holsinger, with assistance by Allison Llera and Jean Geoffrion. Field interviews conducted by Philip Holsinger and Gaetan Paul, with assistance by Noah Darnell and Lynn Graham. Field translation conducted by Gaetan Paul, Felo Jean-Louis, and Phozer Louis.

Text translation coordinated by Jean Geoffrion and Damian Merlo. Text translation: Kreyòl: CreoleTrans and Michel DeGraff. French: Patrick Saint-Pré, with Fanny Lacroix. Spanish: Isabel Manuela Estrada Portales, with Pilar Saavedra and Patrick Saint-Pré.

Book design: Cítrico Gráfico. Mexico City, Mexico.

Emblematic of Laurent Lamothe's vision for Haiti's future is the fact this book is written in four languages: Kreyòl (Haiti's national and official language), French (also an official language in Haiti), English and Spanish. Given Haiti's history, linguistic profile and geopolitical context, each and all of these four languages have key roles to play in Haiti's development into a truly independent, democratic and prosperous nation. This vision of a successful Haiti without language barriers drove Laurent Lamothe's recommendations, as Prime Minister, that Kreyòl, alongside French, be used at all levels and all sectors of public life in Haiti, including education. This vision is also the reason for his steadfast support of Michel DeGraff's MIT-Haiti Initiative where Kreyòl and digital technology are indispensable tools for the promotion of interactive pedagogy in the teaching of science and mathematics in Haiti.

Disclaimer:
Though Philip Holsinger was a paid government contractor during the collection of many of this book's images and ethnographic interviews, the earliest photographs and subsequent recorded conversations with Prime Minister Lamothe leading to the creation of this book occurred outside the parameters of this contract. This book is the product of friendship and observation. The authors hope the authenticity of this book's contents inspire people and leaders to begin a conversation and promote a willingness to work together for common good.

A catalogue record for this book is available from the National Library of New Zealand.

"*Example is not the main thing in influencing others. It is the only thing.*"
ALBERT SCHWEITZER

www.ingramcontent.com/pod-product-compliance
Lightning Source LLC
Chambersburg PA
CBRC090216310326
41914CB00096B/1655